촌놈

집,

이야기를

품다

산문집

집, 이야기를 품다

촌놈

임수진 김보경 김은영
류경희 박옥심 이화정
정혜원 배정환 한영옥

이야기를 품은 집은 여전히 따뜻한 온도로 살아있다.
떠난 이들로 집의 온도를 생각하는 여정이었다.
집은 무엇인가. 집의 생사에서 나의 삶을 생각한다.

OΛ

김보경

　나에게 글쓰기는 마음이 불편할 때 자신을 달래는 위로의 끼적임이었다. 일기 하나를 마무리하기도 어려웠던 내가 A4 한 장이 넘는 글을 쓰려니 머리를 쥐어짜야 했다. 그럼에도 여기까지 올 수 있었던 건 함께 하는 고진나 분들과 임수진 작가님 덕분이었다. 퇴고의 마지막 순간까지 서로의 글에 관심을 두고 따뜻한 응원을 해 주셨다. 글을 쓰는 동안, 잊힌 줄 알았던 어린 시절의 기억들이 여전히 묵직하게 가라앉아 있음을 알 수 있었다. 한편의 글이 마무리될 때마다 해소의 시간이 되어주었다. 책을 쓴 모든 순간이 감사하다. 그럼에도 또 욕심을 내본다. 내 글이 훈풍이 되어 누군가에게 자신을 사랑하는 순간을 잠시라도 느낄 수 있기를. 작고도 큰 바람을 가져본다.

김은영

딱 1년 전 새해 벽두, 우리는 글벗으로 만났다.

서먹하던 사이는 서로의 글을 읽고 공감하고 위로하며 '우리'를 깊이 좋아하게 되었다. 특히 함께했던 '낭독의 밤'은 두고두고 기억될 것 같다.

고진나_'고요하고 진실된 나' 여기 모인 아홉 명의 빛깔을 총칭하는 단어다. 이름대로 살아가기를 원하며 함께 <집>에 대한 글을 써 내려갔다. 우리가 거쳐온 시간의 집들 속엔 그리움과 환희, 고독과 이별 등이 종합선물 세트처럼 담겨 있었다. 오래된 상자를 열어보며 서로의 고요하고 진실된 시간 속 여행을 하는 기분이었다. 유년의 집, 현재의 집, 미래의 집들 안에 결국 우리가 가장 붙들고 사랑했던 순간과 그 안엔 그리운 이들이 함께 있다.

봄이 오는 길목에 우리의 순한 날들을 한 장씩 펼쳐보며 잠시 그때로 짧은 여행은 어떨까.

류경희

책을 쓰는 동안 사랑하는 이들을 보냈다. '일생에 한 번은 마주할 어느 날'은 매번 느닷없고 아팠다. 생은 사가 있어 아름답다고 했던가. 떠난 이들로 인해 집의 생사를 떠올린다. 단단한 돌배나무가 있었던 큰집은 헐거워져 쓸 쓸함을 품은 채 바람의 벽에 기대었다. 비록 바람의 벽을 한 채 서 있지만 내 기억 속 큰집은 따뜻하다. 큰집은 노란 모과 향이 짙고, 겨울 화롯불을 품은 곳이었다. 처마 아래 로 참새가 들락거리고 굴뚝에서는 저녁연기가 피어올랐 던 집이다. 지금은 생을 다한 집이지만 이야기를 품은 집 은 여전히 따뜻한 온도로 살아있다. 떠난 이들로 집의 온 도를 생각하는 여정이었다. 집은 무엇인가. 집의 생사에 서 나의 삶을 생각한다. 언젠가는 기억의 집에 안착할 오 늘을 잔두리 집에서 아버지와 보내며.

나는 스스로 촌놈이라고 생각했다. 그리고 그 사실을 숨기기에 바빴다. 하지만 이번 책을 준비하면서 촌스러움도 관점에 따라 달라질 수 있음을 깨달았다. 가령, 누군가는 호피 무늬 쫄바지를 촌스럽다고 하지만 누군가는 화려하고 매력적이라고 하듯이 말이다. 이 깨우침은, 숱한 자기계발서에서 언급하는 '내가 마주한 상황을 긍정적으로 받아들이느냐 부정적으로 받아들이느냐는 한 끗 차이다.'라는 메시지를 피부로 와닿게 했다. 나는 적잖은 문화 충격을 받았고, 잠시였지만 내가 불쌍했다. 그동안 촌스럽지 않게 생각해도 되는 걸 촌스럽다고 여기며 부끄러워한 나라서. 더욱이 나는 스스로 촌스럽다고 판단하고 다른 사람과 끊임없이 비교하며, 고급스러워 보이는 음식을 먹으러 다닌다거나 읽지도 않는 책을 구매하기에 바빴다. 그뿐만 아니라 수많은 강의를 수강하는 등 굳이 하지 않아도 될 일을 많이도 했다.

하지만 이제는 안다. 나만의 촌스러움이 몽우리를 맺

고, 꽃이 피길 기다리고 있음을. 그 촌스러움조차도 사랑
스러운 내 모습이란 걸.

　　지난 겨울, 둘째 손자가 어린이집에서 자기가 만들었
다며 김장을 가져왔다. 고사리손이 보탠 것이 1퍼센트라
면 나머지는 선생님의 손끝에서 나온 것이리라. 배추의
겉잎을 야무지게 돌려 감싼 것이 두 덩어리. 만둣국에 김
치 한 점 올려 맛을 본다.

　　입속에서 잘게 부서져 마음으로 떠오른 감상.

　　담백하고 맛있다!

　　아이들과 선생님의 합작품은 곁들인 음식과 맞춤하
게 맛있고 마음엔 미소가 어룽진다.

　　이 글을 읽는 독자들의 마음에도 미소 하나 떠올릴
수 있다면 좋겠다.

섬에서, 육지에서, 타국에서 나는 늘 서투른 촌놈이었다. 언제 어디서든 현재는 내가 가지고 있는 자원의 한계 내에서 최선이었을 것이다. 최선이었을 그때의 현재들이 과거가 되어 회상하는 이 시간 짙은 그리움과 아쉬움으로 남는다. 단지 단편적인 기억만이 아닌 그 기억을 씨실과 날실로 엮어보니 비고 넘쳤던 곳이 보인다. 남은 생의 시간을 어떻게 사용할지 글을 쓰기 이전보다는 방향과 정도를 가늠하는 것이 수월해진 느낌이다. 한 사람의 성장을 위해 함께 했던 사람들이 도구로 사용되었다. 나 또한 그들의 성장을 위해 좋은 도구였기를 소망해 본다. 고진나의 글에서 새로운 경험을 하며 한 뼘 더 넉넉해질 우리가 희망차다.

비슷한 경험이나 추억이 특별한 정서와 만날 때 우리
는 '공감한다'라고 한다. 산업화 시대와 베이비붐 시대를
거치며 독재와 민주의 시대를 경험했다. 연탄을 때던 시대
부터 가스보일러 아파트까지 빠르게 발전했다. 육체는 현
재를 살아가지만 우리의 감정은 아직도 그 시대, 그때를
향수한다. 그리고 그 중심에 집이 있다. 삶의 방식은 시대
에 따라 변했지만, 집이 가진 정서는 아직도 그대로이다.
그 안에서 가족 구성원이 만들어지고 대화하고 성장한다.
그리고 그 안에서 소멸한다. 생리적 탄생과 소멸만을 말하
는 것은 아니다. 우리는 DNA 속에 깊이 새겨진 촌놈의 정
서를 이끌어보고 싶었다. 촌스럽다고 시대에 뒤떨어진 것
만을 이야기하는 것은 아니다. 다소 불편하고 투박하지만,
강한 유대감과 자존감의 원천이 되었던 시절. 아는 것도
부족했고 사회에 대항할 힘도 없던 시대였지만, 우리는 그
힘으로 지금을 헤쳐나간다. 그래서 또 하루를 살아간다.
지나온 과거와 살아 나갈 오늘을 공감하며.

한영옥

어릴 적부터 살던 집의 추억과 에피소드로 우리들의 이야기를 꺼내 보고자 했다. 고진나 멤버들의 글이 한편씩 올라오는 여정에 함께 하다 보니 나 역시 그리운 시절의 추억 속으로 빠져들었다. 잔잔하게 남아있는 기억과 느낌으로 공저에 실을 이야기들을 써 내려갔다. 내 글을 올리고 다른 분들의 이야기는 어떨지 궁금하여 글이 올라오는 즉시 읽기도 했다. 각기 다른 이야기 속에 공통적인 감정들과 기억들이 있었다. 그 속에서 서로 추억을 공유하고 옛이야기를 사랑하게 되었던, 뼛속까지 촌놈들 '고진나 에세이클럽'. 많은 말이 오고 가진 않지만, 가슴의 먹먹함과 따뜻함으로 우리의 온기가 글을 타고 전해진다. 하얀 안개꽃 속에 빨간 장미 아홉 송이가 빛나는 고요하고 진실된 멤버, 아름답고 맑은 영혼들의 잔잔한 이야기 속으로 빠져든다.

5장

서러우면 서러운 대로

6장

두려우면 두려운 대로

9장
───────── 그냥 거기 있었네

촌놈 분포도

화정이
보경이
정환이 서울

경기도 영옥이

충청도 수진이

경상도

경희, 옥심이

전라도 은영이

청산도 혜원이

어쩌자고 문득 제 생각이 났을까요.
어쩌다가 사십 년간 쳐 둔 마음의 빗장이 열렸을까요.

– 허형만의 '무심에 관하여' 에서

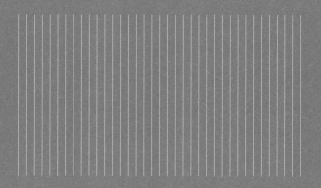

그해 겨울

밤새 내린 눈으로 길이 없어졌다. 봄 여름 가을 매일 오갔던 산책길인데 사방을 하얗게 채운 흰빛으로 잠시 길을 잃고 머뭇거린다. 조심스럽게 한 발을 내디딘다. 미끄럽지 않은 걸 확인하고 봄에 보았던 벚나무를 향해 걷기 시작했다. 벚나무 아래엔 이미 발자국들이 수북하다. 크기도 모양도 다양하다. 귀여운 강아지의 시린 발 도장도 여기저기 보인다. 이곳에 서서 봄날처럼 벚나무를 올려다보았다. 하얗게 만개하던 벚꽃은 사라지고 물기 없이 마른 겨울 벚나무의 앙상한 가지들이 눈에 들어온다. 봄에 부풀었던 마음을 꺼내는 일이 아득히 먼 이야기 같다.

코끝이 시리도록 추워서인지, 파란 하늘이 시려서인지 결국 눈물이 난다. 눈 아래 꽁꽁 얼어붙은 여러 발자국이 마치 봄날 흩어져 내린 꽃잎 같아서, 봄날 사라졌다가 다시 피어난 그리움의 꽃무덤 같아서 결국 *기침하고 슬퍼하는 존재'가 된다. 겨울에 봄을 그리워하는 일은 생각보다 더 서글프다. 예보 없이 내리는 눈처럼 툭툭 그 시절이, 그리고 그때의 아빠가 뛰쳐나오는 계절이다. 매 계절 잊고 지내다 속죄하듯 텅 빈 하늘에 '아빠'하고 조용히 불러본다. 눈 마주치며 하지 못했던 말들이 무성의하게 피어나지만 입을 꾹 다문다. <세사르 바예호_*'기침하고 슬퍼하는 존재'인용>

눈 내리는 날이면 동네 골목은 아침부터 분주했다. 눈썰매, 눈사람을 챙기는 어린아이들과 연탄재와 싸리 빗자루를 들고나오는 어른들 머리 위로 쉬지 않고 눈이 내렸다. 동네 골목 안, 경사가 급한 긴 비탈길은 어른들에겐 빙판의 위험 구간이었지만 우리들에겐 겨울시즌 개장을 앞둔 신나는 놀이터였다. 하지만 평소에도 비탈길 위에서 자전거를 타다가 팔꿈치나 이마를 까인 친구들을 여럿 보았기에 난 그 길이 불안하고도 두려웠다. 덩치 큰 아빠의 자전거를 끌고 나왔다가 비탈길의 가속도를 이기지 못하고 보건소 담장 밑에 처박혔던 기억은 아직도 아프다. 하지만 눈이 하얀 카펫처럼 깔릴 때면 나도 두려움 없이 신나게 내달릴 수 있을 것 같은 상상에 자주 사로잡혔다. 빳빳하게 각 잡힌 비닐포대를 쥐고 더는 뒷줄로 도망가지 않았던 날, 아빠와 함께 탄 비료 포대 썰매가 친구들을 앞지르고 있었다. 아빠의 썰매는 뒤집히거나 눈에 박히는 일 없이 가장 빠르고 안전하게 골목 끝까지 나를 살포시 데려다주었다. 그날 이후 비탈길에서 곧잘 눈썰매를 탈 수 있게 되었다.

아빠는 정월대보름이면 액막이 연과 쥐불놀이용 깡통을 만들어 주었다. 특히 쥐불놀이를 위해 빈 깡통에 못 구멍을 숭숭 뚫고 양쪽에 철사 고리를 만들어 내어주면 동생은 겁도 없이 그것들을 머리 위로 신나게 그리며 놀았다. 불쏘시개만 들고 동생 무리를 쫓아다니던 내가 지칠 때쯤, 벌겋게 달아오른 깡통들을 하늘 위로 힘껏 던져 날려 보냈다. 깡통 안에서 헤쳐나온 작은 불꽃들이 순간 반딧불이처럼 환하게 타오르다가 이내 사그라드는 풍경을 볼 때면 나도 쥐불놀이를 해보고 싶은 충동에 휩싸였다. 어른들이 태우는 달집 모습에 넋이 나간 아이들이 내

팽개치고 간 깡통에 조심스레 남은 불씨를 모아 힘차게 돌리는 순간, 머리 위로 뜨겁고도 작은 불꽃들이 쏟아진다. 아뿔싸!!!

그때의 불꽃도 아빠도 지금은 없지만, 낡은 비료 포대 썰매는 이제 색색의 플라스틱 썰매가 되어 나의 아이들을 태우고 신나게 달린다. 육교 끝 경사면에서 아이들이 눈썰매를 타느라 시끄럽다. 머리부터 엉덩이까지 젖었지만 지친 기색이 없다. 눈썰매 타는 게 지겨워졌는지 두 녀석이 한 썰매에 올라탄다. 동계올림픽 장면에서 본 것 같긴 한데 루지인지 스켈레톤인지 몸보다 작은 썰매에 드러누운 모습이 위태로워 보이는데도 그저 깔깔깔 웃느라 정신이 없다. 출발하자마자 균형을 잃고 썰매 따로 몸 따로 눈밭에 내동댕이쳐진다. 나는 걱정하고 아이들은 서로를 탓하며 또다시 웃는다. 눈 뭉치를 들고 하얀 입김을 따라 꼬리잡기하는 아이들은 눈보다 하얀 꿈을 꾸는 존재들 같다. 신나게 웃는 아이들을 보며, 비료 포대 썰매로 친구들을 이긴 뒤 나를 돌아보며 환하게 웃던 그날의 아빠를 떠올린다. 아빠~ 그곳에서 잘 있지?

플레이트가 담은 스토리

　　뜻밖의 장소에서 만난 두 가지 플레이트의 첫인상은 은근하면서 강했다. 화려하지 않은 자잘한 꽃이 팔각형 접시 초록 울타리 안으로 빙 둘러 피어있다. 접시 뒷면을 보니 명문가 출신이다. 바로 옆 가게에서는 얄따랗지만 심플하면서 크기를 달리 한 흰 접시가 마음에 쏙 들어왔다. 팔각형 큰 접시에 무엇을 담을까? 어떤 용도로 쓸까? 머릿속으로 샐러드, 와인이나 칵테일과 함께한 치즈와 카나페가 빠르게 지나간다. 옆 가게의 흰 접시엔 작은 조각 케이크가 커피잔과 함께 테이블 위에 있다. O.K~~ 그럼 운반은? 점원에게 항공편으로 움직여야 하니 뽁뽁이를 충분히 넣어서 포장을 잘해달라고 하며 계산을 마쳤다.

　　몇 년 전 하노이에 살 때 태국 여행을 한 적이 있었다.

그때 시내에서 만난 앤틱샵은 유럽의 여행지와는 다른 분위기였지만 이 플레이트들을 만났으니 기대 이상의 득템이었다. 하노이로 이동한 팔각형 접시는 아침이면 조성진의 (베토벤 피아노 협주곡 5번)'황제'와 함께 나의 조찬을 거들었다. 접시 외원의 함초롬히 핀 꽃들의 향기와 망고나 아보카도, 토스트 한 조각과 함께 하루를 열었다. 휴일 낮의 하얀 케이크 접시는 오예스 한 조각과 마르코폴로 홍차 한 잔으로 한국의 그리운 시간을 잠재웠다. 플레이트들은, 이전 주인과 가진 기억에 나의 삶을 하나씩 얹고 있었다.

한국에서 딸아이가 방문했을 때, 이 접시와 만나게 된 이야기를 나누었다. 대단치도 않은 것에 나름 의미를 부여하는 엄마 말을 듣고도 공감해 주는 딸이 고마웠다. 호안끼엠 호수를 산책하고 집으로 돌아오는 길에 프랑스인의 파이 가게에 들렀다. 아이는 고등학생 때 학교 근처에 있던 고급 파이 가게를 추억하며 애플파이와 레몬파이를 골랐다. 애플파이와 시나몬의 어울림, 레몬파이의 시큼함 그리고 접시 울타리 안의 은근한 꽃들까지. 먹지 않아도 충분히 최고의 맛이 느껴진다. 음식 맛을 모양과 분위기로 느끼는 이유다. 이국에서 혼자 생활하는 엄마의 모습에 안심하는 마음 한 스푼을 레몬 파이와 함께 삼키는 딸의 기억을 플레이트가 담는다.

　이 플레이트를 보면 또 하나의 기억이 떠오른다. "하노이 코윈 한글 교실"에서 봉사를 하며 만난 그녀. 가만가만한 사람이 내 마음에 들어왔다. 그녀에게는 한국에서부터 데리고 온 반려견이 있었다. 우리는 종종 저녁 산책길에 만나곤 했다. 운동 삼아 걸으며 얘기하는 내내 그녀는 반려견을 안고 있었다. 그녀에게 반려견은 아이와 같았다. 어릴 적 기억으로 인해 나는 동물을 좋아하지 않는다. 하여 사람과 반려동물의 교감에 대해서 진지하게 생각해 볼 기회를 얻지 못했다. 그녀와 만나기 위해 약속을 정하면서도 그녀의 반려견을 배려하지 못하는 실수를 하곤 했다.

　코로나가 잦아들지 않아 한국으로 돌아오게 되었다. 같은 아파트에 사는 그녀와 작별의 시간을 갖기 위해 집으로 초대했다. 그녀가 좋아한다는, 그리고 내가 젊은 시절 좋아했던 진토닉을 준비했다. 고든스 진과 토닉워터, 진의 향을 좋아해서 보통은 안주 없이 진토닉을 마시지만 그녀의 취향을 알지 못해 안주를 준비했다. 팔각 접시에 두 종류의 치즈와 대추야자. 작은 흰 접시에 그녀를 위한 너트 조금. 아이스 자와 라임. 그녀에게 두 가지 플레이트와의 만남을 얘기했다. 둘이 공통되게 읽었던 책과 하노이에서의 지난 시간을 나누었다. 여행으로 화제가 바뀌면서 이제는 늙어서 여러 가지 병이 있는 반려견을 돕기 위해 애쓰는, 그 때문에 장거리 여행을 하지 못하는 그녀의 얘기를 들었다. 내 무심하고 무뎠던 감각이 낯간지럽고 부끄러웠다. 한낱 동물이 아닌 한 생명인 것을. 그녀의 반려견에게도 미안했다. 그녀와의 시간 동안 함께 했던 플레이트에는 이토록 무심했던 내 모습도 차곡차곡 쌓였다.

낯선 곳에서의 삶은 사람을 경계하게 한다. 나와 깊이 연결이 되어야 할 사람이라면 마음이 연결되어야 함을 알기에 내 편에서 적극적이지 않았다. 그럼에도 인연이 된 사람들에게는 내 공간을 나누고 내 이야기를 나누었다. 가볍지 않게 무겁지 않게 내게 온 플레이트는 부족한 것이 많았던 이국에서 내 품위를 지켜주는 든든하고 고마운 벗이었다. 아쉬운 마음과 사랑을 전했던 그 시간을 오롯이 함께한 플레이트는 이제 한국 집의 접시꽂이에 있다. 빈 접시만 보아도 접시와 마주했던 사람들의 얼굴과 함께 미소가 떠오른다. 값비싼 물건은 아니지만 여기까지 꽁꽁 싸 온 이유다.

플레이트도, 그와 함께했던 사람들도 화려하거나 눈에 띄는 존재들은 아니었다. 사물이든 사람이든 어떤 이야기를 만들며 살아가느냐에 따라 그 만남이 더욱 진실하고 영속되기도 한다. 나의 남은 삶은 또 어떤 만남이 있을까. 플레이트처럼, 플레이트와 함께했던 사람들처럼….

——— 어떤 사람들을 만나
——— 우리들의 이야기를 만들어 가게 될지
——— 호기심이 일면서 기대하는 마음이다.

다락방의 비밀

음모는 일사불란하게 진행됐다. 심장이 간질거리는 이 계획은 나와 같은 반 친구 하나, 다른 반 친구 셋 모두 다섯에게 차례대로 전해졌고 주모자는 바로 나였다.

드디어 그날이 다가왔다. 언제쯤이 좋을까 기회를 노리다가 벽장에 있는 물건을 낑낑거리며 내 방으로 옮겨놓는다. 혹시 몰라 남동생을 시켜 망을 보게 하는 등 단단히 준비를 마쳤다.

다섯 시가 넘자, 친구들이 하나둘 우리 집 다락방으로 모여들었다. 나는 간단한 요깃거리를 준비했고 부모님께 허락을 받은 친구들도 파자마를 챙겨 오늘 밤의 거사를 기다렸다. 기대에 달뜬 열 개의 눈동자가 흑진주 빛깔로 반짝거린다. 쥬만지 게임판 앞에 앉은 것처럼 어디선가 둥둥 북소리가 울리는 것 같다. 다섯 소녀가 가운데로 둘러앉은 머리 위로 모락모락 피어오르는 겨울밤의 온기가 침을 꼴깍 삼킨다.

이층 양옥인 우리 집에는 다락방이 하나 있었다. 단층이었던 것을 부모님이 새로 고쳐서 이층으로 다시 지으면서 다락방이 생겼다. 나는 그곳을 내 방으로 사용하고 싶었다. 하지만 남동생 역시 다락방을 탐냈다. 그렇지만 나도 이것만은 양보할 수 없었다. 조용하고 말수가 적은 나는 평소에 하지 않던 아양에다 조르기를 더해서 엄마를 공략했다. 드디어 엄마에게서 허락이 떨어지자 세상을 다 가진 것처럼 기뻤다. 내 학창 시절이 마냥 행복했던 것만은 아니었다. 그러나 다락방에서 지냈던 몇 년은 어린 시절 가장 빛나는 시간이었다. 다락방에서 바라보는 밤하늘은 함께 듣는 별밤지기 이문세의 낭랑한 목소리가 되기도 하고, 공상의 총천연색 열기구가 되어 어딘지도 모를 먼 이국 하늘을 둥둥 떠올리게도 했다. 그러나 무엇보다도 친구들과 쓸데없이 꽁냥거리는 아지트로서의 다락방은 지금도 그 냄새와 분위기가 가슴으로 달려들 듯 아련하다.

시험을 끝낸 수험생인 다섯 친구는 수능에서 해방된 기분을 풀어야 했다. 시험 전까지 바짝 조였던 끈을 느슨하게 하고 그동안 쌓였던 스트레스를 마구 비워내고 싶었다. 욕망이 이글거리는 다섯 계집애의 어설픈 일탈이 다락방에서 시작되고 있었다. 내가 벽장에서 다락방으로 옮겨다 놓은 건 엄마가 아빠를 위해 담그신 더덕주였다. 이 술이란 놈을 오늘은 꼭 마셔보고야 말겠다며 전의를 불태운다. 아빠와 동네 아저씨들이 모이기만 하면 부어라 마셔라 하는 이것이 도대체 무엇인지 궁금했다. 오늘에야말로 어른으로서의 첫걸음을 떼고 말겠다는 패기가 다락방 천장을 뚫고 올라갔다.

　　넓은 병 입구를 조심스럽게 열고 그 안에 국자를 넣어 작은 잔에 한 잔씩 따라서 병아리 눈물만큼씩 홀짝거렸다. 입술을 거쳐 식도를 타고 위장으로 싸하게 내려가는 그것은 박하를 집어삼킨 뱀처럼 우리 속을 화하게 했다. 쓰고 달고 쏘는 맛이었다. 친구들도 처음 맛본 술의 오묘함에 놀라서 눈을 크게 뜨고 낄낄거린다. 뭔 맛이 이리 쓰다냐 하거나 그래도 뒷맛은 달다거나 하는 소감이 이어졌다. 이게 어른의 맛인가. 어른이란 참 복잡하기도 하지. 이런 것을 거쳐야만 인생의 맛을 알 수 있나 보다. 적게는 두서너 잔을, 많게는 다섯 잔 정도를 연거푸 마시며 소녀들은 수다와 떠들기와 음악을 버무려 다락방의 겨울 정취를 마신다.

다음날 우리는 숙취 때문에 생애 최초로 속이 뒤집어지는 경험을 했다. 친구 둘은 토하고 다른 친구 둘은 새벽에 집으로 돌아가 버렸다. 난 친구의 등을 두드려가며 어설픈 일탈의 뒤처리를 하느라 진땀을 뺐다.

나의 다락방은 어리디어린 소녀의 좁은 계단을 지나 널따란 어른의 장으로 나아가는 삐걱거리는 복도였다. 별과 달과 안온한 혼자만의 공상을 하던 곳. 복잡하지만 여전히 잘 모르겠는 성장의 통로가 되었던 다락방.

——— 그곳은 지금도 내 마음속
——— 비밀의 방으로 남아있다.

온돌이 깔린 집

겨울이 오면 우리 집에선 슬리퍼가 필수다. 털이 보송보송한 수면양말도 좋다. 그도 없다면 그저 두툼한 양말이라도. 맨발만 아니라면 그 어느 것도 오케이. 아무리 열이 많은 체질이라 해도 벌거벗은 발바닥은 아니다. 여름엔 널찍해서 좋다 하던, 시원하게 뚫린 마룻바닥은 겨울이 되면 천덕꾸러기가 된다. 세련되어 만족스러워하던 무채색의 커다란 타일은 한 발 내디딜 때마다 온몸을 시리게 한다. 그렇다고 카펫을 깔자니 먼지와 얼룩을 감당할 자신이 없다. 집안 온도를 한껏 올려봤자 공기만 답답하고 건조해질 뿐 갈 곳 잃은 발바닥에 온기를 가져다 주지는 못한다.

이것이 바로 내가 미국식 집에 갖는 가장 큰 불만이다. 온돌이 없다는 것. 뜨끈한 방바닥을 느낄 수 없다는 것. 한국을 떠나 살아본 사람은 누구나 새삼 깨달을 것이다. '온돌'이 주는 엄청난 이점을. '온돌'이란 말이 주는 훈훈함을. '온돌'이 겨울철 일상에 가져다주는 깊은 따스함을 말이다. 겨울철 안방구석에서 뜨끈하게 지지는 느낌이 얼마나 평화롭고 얼마나 사랑스러운지는 그것을 경험해본 사람만이, 아니 경험한 후 이를 잃어버린 사람만이 알 수 있다.

나처럼 13년째 외국 생활을 하면서 온돌을 잃어버린 사람만이.

엉덩이가 따뜻한 행복을 과연 미국 사람들도 알까? 발바닥이 따뜻해지면 마음도 따뜻해진다는 걸 알까? 뜨끈한 방바닥 구석에 누워 땀을 흘리며 한숨 자고 나면 올라오던 몸살 기운까지 씻은 듯 사라지곤 하는 놀라운 효력을 알까? 알려주고 싶다. 그 맛과 멋을. 그 뜨끈함의 가치를. '따뜻함'도 아니고 '뜨거움'도 아닌 '뜨끈함'의 제맛을.

물론 미국에도 안락함을 주는 그들만의 양식이 있다. 장작을 집어넣어 활활 불을 피우는 벽난로와 그 앞에 깔

아놓는 러그, 흔들의자에 놓인 퀼트 담요 등의 풍경이다. 크리스마스가 되면 벽난로에 불을 피우고 그 앞에 둘러앉아 핫코코아를 마시며 트리 밑에 놓인 선물을 풀어보기도 한다. 그것은 우리가 또는 내가 갖는 외국 집에 대한 환상이기도 하다. 하지만 정작 집안에 난로를 땐다는 건, 집안에 군불을 피운다는 건 보통 일이 아니다. 때때로 온 집안이 연기와 불꽃에 휩싸일 것을 각오해야 한다. 불이 날 뻔한 아찔한 경험을 한 후 결국 난로 구멍을 막아버린 수많은 이웃들을 나는 알고 있다. 또 불을 피워봤자 벽난로 근방만 훈훈하다는 것도 비밀 아닌 비밀이다. 그러저러한 이유로 나 역시 이 집에 이사 올 때 원래 있던 자그마한 벽난로를 없애버리고 들어왔다. 한마디로 집 밖의 부엌에 아궁이에 불을 때고 그 불이 돌을 데워 방바닥을 뜨끈하게 하는 온돌이 최고라는 말이다.

고백하자면 온돌만 알고 살았던 시절의 나 역시 '벽난로'에 대한 환상을 갖고 있었다. 소설 『작은 아씨들』에서 네 자매는 전쟁에 나간 아빠로부터 온 편지를 읽기 위해 벽난로 앞에 모인다. 엄마는 흔들의자에 앉아 편지를 읽고 자매들은 그 엄마 곁에 기대어 앉아 다 함께 가장 행복한 시간을 나눈다.

또한 『빨강머리앤』에서 길버트는 앤에게 이런 청혼을 한다.

"앤, 나에게는 꿈이 있어. 나는 어떤 집을 꿈꾸고 있지. 그 집에는 벽난로가 있어. 그 앞에는 강아지와 고양이가 있고, 친구의 발소리가 들리고, 그리고 네가 있는…."

이토록 로맨틱한 청혼이라니. 게다가 길버트. 갈색 눈동자와 갈색 곱슬머리의 길버트가 앤에게 '벽난로가 있는 집'을 들먹이며 청혼한다. 완벽하다. 이 청혼의 멘트에 '온돌이 깔린 집' 따위는 어울리지 않는다. '그 집에는 온돌이 깔려있고…' 이건 아니다. 벽난로와 러그가 깔린 집만이 청혼을 완성한다.

그러나 환상은 끝났고 지금 나는 다시 '온돌'을 꿈꾼다. 어쩌면 나는 늘 내가 갖지 못하는 것을 좇으며 사는 사람인지도 모른다. 하지만 이번만은 진지하게 말하겠다. 침대 속에 전기장판을 깔거나 뜨거운 물주머니를 집어넣고서야 그 비슷한 느낌을 드는 건 이제 그만하고 싶다고. 침대 말고 바닥에 요를 깔고 늘어지게 한숨 낮잠을 자고 싶다고. 엉덩이가 따뜻하고 발바닥이 뜨끈한 겨울을 보내고 싶다고. 그렇게 오순도순 앉아 군고구마를 까먹고 가래떡을 구워 먹던 겨울의 따스함을 기억하고 싶다고 말이다. 벽난로고 길버트고 청혼이고 나발이고 그보다는 따뜻한 엉덩이를 택하겠다. 역시 나는 빼도 박도 못하는 촌놈이고 한국 사람이다.

사람 짓는 집

앞산에서 산비둘기 구구거리는 소리 들린다. 아버지의 삶만큼이나 고요한 잔두리에 간혹 들리는 산비둘기 소리는 평온하다. 거실로 들어오는 햇살에 아버지 곁에 눕는다. 100세 아버지는 꼿꼿하게 앉아 있고 그 절반을 조금 더 넘은 딸은 누워 뒹굴뒹굴한다. 아버지가 일어나더니 다용도실에서 뭔가를 들고 온다. 무심히 옆에 툭. 비닐봉지에는 센베이 과자가 들었다. 아버지가 하나 꺼내 드신다. 나도 하나 베어 문다.

"아버지,

옛날에 동산 아래 밭 가운데 있던 집 기억나세요?"

"그럼 기억나지. 막이 하나 있었지."

아버지는 집이라 하지 않았다. 막이라고 했다. 막은 겨우 비바람을 막을 정도로 임시로 지은 집을 말한다. 동네 밖 밭 가운데 있는 안호 할아버지의 흙집은 다른 사람들한테 집이 아니었다. 집은 포근하고 아늑한 곳, 보금자리여야 하는데 남이 보기에 밭 가운데 흙집은 그렇지 못했다. 그렇다면 한 세기를 산 아버지에게 집은 무엇일까.

지금 사는 잔두리 집에서 100년을 산 것은 아니지만 아버지가 일가를 이루고 살기 시작했으니 80여 년쯤 되었다. 그동안 잔두리 집은 두어 차례 변화가 있었다. 짚을 엮어 이은 초가지붕은 파란 슬레이트 지붕이 되었다. 정지(부엌) 아궁이에 걸린 큰 가마솥은 구수한 누룽지를 만들기도 하고, 달달한 조청을 고기도 했다. 부뚜막은 가마솥뿐 아니라 집 밖에 있던 샘에서 물을 길어 담아두던 두멍을 품었다. 그릇을 옹기종기 안았던 나무 찬장과 삐그덕 소리를 냈던 정지문. 아무리 바지런한 엄마여도 그을음으로 까맣게 된 정지 천장과 벽을 본래의 흙빛으로 유지하기란 쉽지 않았다. 타닥타닥 마른 솔잎이 불쏘시개가 되고, 짚불에 국시꼬랭이를 굽던 아궁이는 초가지붕과 함께 사라졌다. 부엌은 아궁이 대신 연탄아궁이가, 연탄아궁이는 다시 가스레인지가 되었다. 덕분에 엄마 손안에서 둥글게 뭉쳐졌던 지구를 닮은 누룽지는 더 이상 맛볼 수 없었다. 갈라진 틈 사이로 겨울바람이 숭숭 드나들던 정지는 더 이상 존재하지 않았다. 대신에 따뜻한 보일러가 깔린 부엌에는 식탁이 놓이고, 그 위에 전기밥솥이 아버지의 밥을 지었다.

아버지는 집이 무엇이냐고 묻는 나에게 "모르지"라고 답하셨다. 100년을 사신 아버지가 집이 뭔지 모른다는 대답은 『끝의 아름다움』에서 100세 생일에 '끝'이 무언지 모르겠다며 끝의 의미를 찾아 나서는 거북 니나와 닮았다. 아버지에게 집은 그저 다른 의미를 부여할 필요 없는 그 자체로 집, 아버지였을까. 모르지 했던 아버지는 말이 없었다. 생과 사, 소멸과 태어남, 시작과 끝의 순환을 품고 있는 집. 잔두리 집은 나와 언니들이 태어나고 성장한 큰언니가 마당에서 결혼식을 했다. 기쁨의 이면에는 슬픔도 있다고 했든가. 미처 생을 펴보지도 못한 꽃다운 언니와 늙지도 않고 늘 그 자리에 머물 것 같던 엄마가 이 세상 소풍을 마치고 떠났던 곳이다. 언니들이 결혼할 때는 아지메들이 사랑방에 모여 이불을 만들고, 부엌 가마솥에서는 잔치국시가 끓기도 했다. 외양간에서는 황소가 되새김질하고, 헛간에서는 수탉이 아침을 알리기도 한 곳. 봄이면 앞산에서 들리는 뻐꾸기 소리를 담고, 여름 소낙비에 화장품 파는 왕굴따이(눈이 커서 붙은 별명) 아지메가 잠시 비를 피해 갔던 집. 매섭게 추운 겨울밤에는 낯선 나그네가 들었던 곳, 잔두리 집은 아버지였다. 집은 사람을 짓고, 잔두리 집은 그렇게 아버지를 지었다.

파란 지붕의 잔두리 집은 화려하지 않다. 수수하다 못해 그저 그런 집이다. 수수한 겉만큼이나 집 안도 별반 다르지 않다. 반짝반짝 빛나는 가구보다는 세월을 입은 손때 묻은 살림살이가 잔두리 집을 지켰다. 거실에는 세 개의 붓글씨 액자가 걸려있다. 만사형통, 인덕시보, 청청세심. 친구분이 써준 인덕시보라는 글씨 옆에는 '청원 시백'에게 라는 글귀가 써졌다. 청원은 아버지 친구분이 붙여준 아버지 호이다. 맑은 사람, 청원(淸元). 80여 년의 삶을 산 잔두리 집은 아버지를 맑은 사람으로 지었던 모양이다. 100년을 산 아버지는 자신의 삶을 공경한다. 과한 욕심을 부리지 않고,

자기 삶에 정성을 다한다. 잔두리 집은 아버지를 닮았다.
아니 아버지가 잔두리 집을 닮았다고 해야 할까.

　　집을 짓는 이는 사람이다. 그 집이 사람을 짓는다. 집
이지만 집이라 불리지 못한 안호 할아버지의 흙집은 할아
버지에게는 춥지도 덥지도 않은 봄날의 따스함이었을 것
이다. 그렇게 흙집은 봄날 새싹을 밀어 올리는 훈훈함으
로 안호 할아버지를 짓지는 않았을까. 누군가에게 서향집
은 덥고 추운 집일 수 있지만 지는 해를 좋아하는 이에게
더없이 아름다운 서향집이 될 수 있다. 잔두리 파란 지붕
의 초록 대문집이 아닌 곳에서 나고 자랐다면 어땠을까.
소똥 냄새 진동하고 비 오는 날 마당에서 지렁이를 곧잘
만나던 그곳. 잔두리 집은 아버지이고 곧 나이다.

――――　그 집에서 아버지가 주신
――――　센베이 과자를 먹는다, 아버지와.
――――　바삭바삭 달다.

별이 빛나는 밤에

　　　　가수 이문세 형님 목소리가 방 안에 펼쳐진다. 당대 최고의 가수로 알려졌지만, 우리에겐 가수보다 디제이로 더 친숙했던 1980년대의 형님을 만난다. 형님이 이끄는 라디오 시그널 송이 울리면 모든 신경을 곤두세워 성스럽게 라디오를 맞이한다. 태광 에로이카에서 '별이 빛나는 밤에'가 흘러나온다. 오디오는 나만의 공간에서 음악과 교감하는 도구였다.

　　　　오디오는 방 한구석을 모두 차지했다. 가구에 가까운 두 개의 커다란 스피커가 좌청룡, 우백호다운 면모를 뽐냈고, 가운데 자리는 오디오를 보호하는 나무 데크가 자리했다. 양쪽으로 열리는 아치형 테크 유리문이 가격 대비 다소 과해 보였다. 누를 때마다 열리고 닫히기를 반복하는 유리문 안, 좌측에는 CD 플레이어, 앰프, 더블 카세트로 구성된 오디오, 우측에는 턴테이블이 자리했다. 그때만 해도 CD 플레이어는 다른 집에서 보기 힘든 최신 옵션이었다. 테이프를 복사하려면 더블 카세트는 필수였고, 뮤직카페에서는 대부분 LP로 음악을 틀어 주었기에 턴테이블 정도는 구색을 갖추어야 했다. 그때만 해도 CD보다는 LP판이 많이 판매되던 시절이다.

학생 신분이라 LP를 많이 모으지 못했기에 기스가 나지 않을까 몹시도 애지중지했다. 알코올을 뿌리고 세무 헝겊으로 살살 돌려가며 닦아주는 행위는 명품을 다루는 장인의 손길만큼 조심스러웠다. 곡이 실린 곳을 함부로 만지는 친구는 음악을 모르는 바보 취급을 받았다. 봄 여을 가을 겨울, 신해철, 이선희, 이상우, 부활 같은 당대 최고의 가수 LP판을 오디오 옆에 잘 꽂아두었고, 디셈버, 건스 앤 로지스, 게리 무어 같은 최신 팝은 CD로 구매했다. CD에도 지문이 묻어날까 싶어 구멍에 손가락을 끼워 조심스럽게 얹어서 들었다. 음악 하나 듣는 것이 뭐 그리 대단한 거라고 그리도 조심스러웠는지 모르겠다.

방에 있는 가구라고 해봐야 커다란 오디오와 구닥다

리 물려받은 책상 하나였고, 겨우 두 사람 누우면 꽉 차는 그런 작은 방에 커다란 오디오가 자리 차지하고 있으니, 이불을 따로 둘 곳이 마땅치 않았다. 어쩔 수 없이 오디오 위에 이불을 얹어두었다. 검은색 오디오 위에 형형색색의 이불, 뭔가 어색한 장면이 나오고 말았다. 보통의 가정은 거실에 오디오를 두고 소파에 앉아 듣는 것이 일반적 모습이었지만, 내가 고집을 피워 혼자 독차지했다. 작은 방에서 오디오 볼륨을 크게 높이는 건 언감생심이라해도 음악을 제대로 들으려면 내 방에 있어야 마땅했다. 어차피 가족 중에 누구도 오디오에 별 관심이 없었다. 아버지는 테이프 하나 들어가는 오래된 카세트 라디오로 만족하셨다. 그 카세트 안에는 항상 금강경 테이프가 들어있었다. 특별히 절에 다니지도 않으셨는데 그 소리가 그렇게 좋으셨나 보다.

80년대 음악 청취의 주류는 마이마이였다. 일본의 소니 워크맨이 선풍적인 인기를 끌자, 친구들은 세운상가, 용산 등지에서 일제 미니 카세트를 샀다. 비싼 일제를 사기 어려운 친구들은 국산 마이마이, 아하, 요요를 가지고 다녔다. 신문물이 생활에 파고들자 커다란 스피커로 듣던 음악이 주머니로 들어왔다. 독서실에서 이어폰으로 음악 듣는 행위는 하나의 유행으로 번졌다. 이문세 형님의 <별이 빛나는 밤에>를 어디서든 들을 수 있었고, 애청곡만 복사해서 휴대하는 기능은 그야말로 신세계가 아니면 무엇이겠는가? 하지만 아무리 미니 카세트가 유행한다 해도 불 끄고 이불 속에서 혼자 듣는 거대한 음향과 비교하면 휴대용 기기는 아무것도 아니었다.

내가 오디오를 구매하기 전, 친구 집에 있는 커다란 오디오는 하나의 로망이었다. 우리보다 다섯 살 이상 많았던 형님들 음악 세계는 단연 비틀즈, 카펜터즈, 아바였다. 형님들의 애장품을 몰래 다루면서 골든팝과도 친해졌다. LP판과 전축이라는 문명은 오랜 시간 친구 집을 뮤직박스로 만들었다. 친구들과 아무렇게나 개어 놓은 이불에 등을 기대고 누워 듣는 음악은 이어폰 매력과 달랐다. 눅눅하고 음침했던 친구 방은 어두운 뮤직카페를 방불케 했다. 김범룡의 <바람 바람 바람>, 이재성의 <촛불잔치>, 구창모의 <희나리> 등 당대 최고 가수들을 만날 수 있었다. 처음 듣는 팝송을 LP판으로 익혔고, 발음이 맞는지 안 맞는지도 모르고 따라 불렀다.

친구 집에 있던 해바라기 노래를 테이프에 복사하기 위해 공테이프를 구매했다. 노래와 노래 사이에 공백을 넣어 구분하고, 앞과 뒷면에 음악을 넣으면 2시간은 족히 걸린다. 테잎 케이스에 노래 곡목을 적고 삭제되지 않도록 테잎 윗면의 탭을 부러트리면 나만의 휴대용 음악 리스트가 만들어진다. 그런 테잎은 친구 생일에 줄 수 있는 최고의 아이템이었다. 편지를 쓰는 것 이상으로 정성 가득한 선물이었으니, 그걸 만들려면 오디오가 필수템이기도 했다.

아파트 사는 친구 집에 신삥 오디오가 들어오던 날, 우리는 변진섭, 푸른 하늘의 LP를 들으러 총출동했다. 드디어 아파트 거실에서 태양 빛을 맞으며 음악을 들을 수 있었다. 소파에서 늘어져 누워 들을 수 있는 음악은 또 다른 맛을 선사했다. 하지만 가족 공간이기도 한 거실을 우리가 장악할 수는 없었다. 거실의 오디오는 장식품이자 하나의 가구였으니 아무 때나 맘대로 들을 순 없었다. 그래서 내가 오디오를 사면 절대 거실에 둘 수 없었다. 오디오는 매니아 방에 있어야 제값을 할 수 있을 테니까.

나만의 오디오가 생기고 나서 친구들은 우리 집으로 모였다. 누구에게도 방해받지 않으면서 얼마든지 누워 들을 수 있는 내 방이 친구들에게 절대적으로 딱 맞았다. 하지만 내게는 자본주의 최고 가치, 돈이 부족했다. 빈약한 LP판 몇 개만 들을 수밖에 없으니 비싼 오디오로 할 수 있는 거라고는 라디오가 최고였다. 이문세의 별이 빛나는 밤 시그널 송, '카바티나'가 울려 퍼지면 우리의 세계가 펼쳐졌다. 당대 최고의 가수를 만났고, 그들의 문화에 동참했다. 개그맨들의 입담에 울고 웃으며 상상의 세계에 빠졌다. 원하던 곡이 나오기라도 하면 준비했던 테이프에 녹음 버튼을 눌렀다. 이문세 형님이 중간 멘트를 던지기라도 하면 아쉬움을 달래며 다음을 기약했다. 지금도 이문세 형님이 들려주던 생일 축하 노래가 귓가에 들리면 따라 부르게 된다.

그 당시, 나는 독학으로 기타 연습을 하고 있었다. 비록 코드를 다 외우지 못해 최신가요 책을 보며 불렀지만, 지금처럼 노래방 문화가 없던 시절에는 그게 최선이었다. 친구들과 방 안에 누워 이문세, 변진섭 형님들의 노래를 합창했던 풋풋함을 잊을 수 없다. 작은 방이지만, 나만의 뮤직박스, 친구들과 함께한 노래방, 나의 소중한 라디오를 만날 수 있는 보금자리였다. 얼마 전에 친구가 옛 사진 한 장을 보내왔다. 친구와 둘이 팔베개하고 누워 음악 듣고 이야기꽃 피우던 모습이 담겼다. 고등학교 때부터 군대 가기 전까지 함께 했던 내 방. 사진 한 장이 그 시절을 말해주고 있었다. 사진 속에서 '별이 빛나는 밤에'가 조용히 흘러나오는 듯했다.

버찌의 계절은 온통
뜨거운 마음 우거져 하늘을 덮고
온몸 가득 붉은 물 스며들어 익어가나니

- 김은숙 '버찌의 계절'에서

2장
마음이 사로잡혀

골목길이 꾸는 꿈

이해할 수 없는 일이다. 그게 현실이었는지 꿈이었는지, 내 것이었는지 또는 다른 데서 흘러온 생각이었는지 알 수가 없다. 그때를 생각하면.

70년대 우리가 살던 동네는 한 집에 여러 가구가 모여 사는 가난한 마을이었다. 가구마다 방 하나에 부엌 하나가 딸려 있었고 마당 한쪽에는 공동으로 쓰는 화장실이 있었다. 대충 지어놓은 공간에다 구멍만 파놓은 곳인데 그것도 사용하려면 전쟁을 치러야 했다. 다가구가 사는 집답게 아침마다 마당에선 어른들의 출근과 아이들의 통학 준비로 북새통이었다. 우리 방 바로 옆방도 우리처럼 네 식구가 살았는데 나보다 두 살 위의 언니와 나와 동갑인 남동생이 부모님과 살고 있었다.

학교가 파하면 하나둘 꼬마들이 나와 골목에 진을 친다. 긴 그림자가 드리운 오후에 이쪽에선 전쟁놀이를, 저쪽에선 우리 패거리들이 소꿉놀이하느라 해가 지는지도 모른다. 소꿉놀이의 모델은 삶 속 어른들이다. 그들의 모습을 흉내 내기도 하고 우리의 삶을 재현하기도 한다. 밋밋한 일상에 색을 입히고 무채색의 생활에 액션을 더한 삶. 흡사 배우가 드라마나 영화 속에서 자신과는 다른 캐릭터를 연기하는 것처럼 여유 있고 행복한 가정의 일원이 되기도 한다. 아이들을 키우기 위해 고군분투하고 사이좋은 엄마 아빠의 모습을 연기해 보인다.

골목은 새로운 이야기를 만들어 내는 이야기꾼들의 각축장이다. 상상 속에서나 볼 수 있는 공주와 왕자로 분하기도 한다. 그럴 때 공주는 눈을 내리깔고 한껏 예쁜 척을 해준다. 내가 공주 놀이를 할 때는 피부가 희고 입술이 붉은 남동생이 내 전용 공주가 된다. 머리엔 보자기로 만든 너울을 씌우고 티아라를 만들어 고정하고 한 번도 공주였던 적이 없던 괄괄한 누나가 공주다운 자태를 연습시킨다. 순둥이 동생은 말없이 이 놀이에 잘 따라 주었다.

골목 소꿉놀이에서는 학교 이야기도 단골 레퍼토리다. 합창단을 만들어 대회 준비를 하고 같은 반 친구나 선생님과의 로맨스도 끼워 넣는다. 그것도 싫증이 나면 무서운 이야기를 만들어 가장 무섭게 이야기한 아이를 일등으로 뽑는 서바이벌 게임도 한다.

골목에서 이런저런 놀이를 하면서 우린 사회를 배우고 자신에 대한 탐색을 이어가곤 했다.

그날도 자질구레한 놀이를 연이어 한 뒤에 술래잡기가 이어졌다. 술래가 된 내가 눈을 감고 숫자를 세고 있었고 이리저리 숨을 자리를 찾던 아이들의 왁자했던 소리도 멀리 사라졌다. 술래의 찾기가 시작되고 숨죽인 아이들의 머리카락 하나도 보이지 않는다.

녀석들, 용케 감쪽같이 숨었네!

애들이 숨어있을 만한 곳을 뒤지다가 찾지 못하고 다시 원래 자리인 담벼락으로 돌아왔다. 가만히 골목의 숨소리를 듣던 나는 눈을 감았다. 따뜻한 햇살이 가벼운 손으로 이마를 쓸어내리고 뒤이어 나른한 피곤이 나를 덮었다. 늦봄의 식곤증을 이기지 못한 것인지 점점 더 힘이 풀린다. 그러다가 까무룩 잠이 들었나 보다.

　바다처럼 깊은 곳에는 아무도 없었다. 다른 세계의 문을 연 듯 길이 보인다. 훈색같은 안개가 가득하다. 안개가 가져다준 생각인지 모르지만 내가 온 곳은 과거이거나 그것도 아니라면 미래와 연결된 곳이라는 느낌이 들었다. 안온하지만, 알 수 없는 향기를 품은 곳. 나른한 몸이 가만히 기댄 자리, 그곳에서 나오고 싶지 않았다. 얼마나 지났을까. 나는 어디 있는 것일까. 아무것도 설명할 수 없는 이상한 기분.
　여긴 어딘지, 내가 온 곳으로 돌아갈 수 있는지 두려움과 신비가 뒤섞여 머릿속이 헝클어진다. 시간과 시간 사이를 헤매다가 겨우 현실의 꼬리를 잡고 정신이 돌아온다. 잠인지 꿈인지 모를 곳에서 깨어난 내가 바로 집으로 돌아갔는지, 계속 술래잡기를 했었는지는 모르겠다.

　요즘은 예전처럼 좁은 골목길이 이어져 있는 곳이

적다. 도시 정비를 잘해 놓아서 그런지 좁고 짧은 길이 굽이굽이 이어진 골목을 구경하기란 쉽지 않다. 큰 건물과 상점이 세워지고 작은 골목에서 생겨나는 소박한 이야기는 예전 이야기가 되었다. 골목의 정취를 느끼고 싶다면 여행지의 사진 명소를 찾아가는 방법뿐이다. 재작년 가을에 통영에 갔었다. 여행길에 만난 동피랑의 골목길. 조용하고 고즈넉한 어디쯤에서 타닥거리는 꼬마들의 숨바꼭질 소리가 들릴 것 같았다. 그곳에서 영원의 문을 열고 신비한 경험으로 들어가는 소녀의 꽃잠이 보인다.

——— 다시 열어젖힌 시간 안에서
——— 소녀는 그때가 그리워질 걸 알았을까.

내가 나일 수 있게
해준 컴퓨터

나와 컴퓨터의 첫 만남은 1993년 6학년 때였다. 당시 컴퓨터실에는 손바닥 크기의 플로피디스크를 넣는 286 도스 컴퓨터가 한 반의 학생 수만큼 있었다. 동아리 활동으로 컴퓨터반을 신청한 덕분에 다른 친구들과 비교해 더 자주 사용할 기회가 주어졌다. 지금이야 전원만 누르면 바로 부팅이 되지만, 그때만 하더라도 까만 화면에 명령어를 입력한 뒤 엔터키를 눌러야 다음 화면으로 넘어갔다. 물론 그마저도 내겐 신세계였다.

당시 주로 사용한 프로그램은 한글이었다. 정확히 기억나지 않지만, 수업 시간에 표를 만들거나 글쓰기를 했다. 다 쓴 글은 5.25인치 플로피디스크에 저장해서 집으로 들고 갔다. 그런데 학교에서 배우는 것만으로는 내 호기심이 충족되지 않았다. 컴퓨터를 더 배우고 싶었다. 그러던 찰나 때마침 컴퓨터 대리점에서 무료 수업을 해준다는 전단을 보게 되었다. 의욕이 샘솟았던 나는 기회를 놓치지 않고 등록했다. 그렇게 학원이 아닌 컴퓨터를 판매하는 곳에서 나와 동생은 본격적으로 컴퓨터를 배우기 시작했다. 그 후로도 중학생 때는 386을, 고등학생 때는 486을, 대학생 때는 586을 사용했다. 286 도스부터 586 윈도우까지 다루었던 경험은 고등학생 때 워드프로세서 국가자격증 시험을 준비할 때 많은 도움이 되었다.

고등학교 1학년이 되던 1997년에는 통신망이 보급되어 집에서 처음 인터넷을 사용할 수 있게 되었다. 지금은 와이파이만으로도 인터넷 접속이 가능하지만, 그때는 전화선을 뽑아 컴퓨터에 연결해야 이용할 수 있었다. 그래서 컴퓨터 사용 시간을 절제해야만 했는데, 조금 많이 썼다 싶은 달은 전화 요금 폭탄을 맞아 엄마에게 잔소리를 들었다. 당시 나우누리, 천리안, 하이텔 3대 네트워크 통신망 중 우리 집은 나우누리를 이용했다. 전화선을 컴퓨터에 연결하고, 나우누리 아이콘을 더블 클릭하면 '삐'하는 음을 내며 통신망에 연결되는데, 짧게는 30초 길게는 1분의 기다리는 시간이 무척 길게 느껴졌다. 심지어 보통 때보다 가슴이 더 빨리 뛰는 듯했다. 대부분 통신망에 바로 연결되었지만 통신 장애로 접속할 수 없는 날도 있어서 무사히 연결되길 바라는 마음이 간절했기 때문이 아닐까 한다.

이처럼 컴퓨터에 대한 나의 애정은 인터넷을 연결한 후로 더 커졌다. 채팅하면서 밤늦게 자는 일이 비일비재했고, 그 영향으로 늦잠을 자 지각하는 상황이 발생했다. 결국 담임 선생님에게 된통 혼나고 말았다. 그렇지 않아도 전산부 활동으로 조회 시간에 늦게 들어오는 나를 못마땅하게 여기고 있었는데 딱 걸린 것이다. 선생님에게 꾸중을 듣는 동안 억울한 마음이 들었다. '한 번 지각했을 뿐인데 이렇게까지 역정을 내다니.' 싶었던 거다. 심지어 나의 마음을 헤아려 주지 않는 담임 선생님이 야속하고, 촌스럽게 느껴졌다. 그래서일까. 담임 선생님의 야단은 나를 변화시키지 못했다. 그러던 중에 그맘때 교생 실습을 온 선생님의 마지막 인사 편지가 나를 반성하게 하는 계기가 되었다. 그 편지에는 이런 내용이 적혀 있었다. 매일 아침 선생님에게 혼나는 모습을 보고 질이 나쁜 아이라고 생각했지만 오랜 기간 나의 행동을 지켜본 후 뒤늦게 오해가 풀렸다고. 자신의 오해로 교생 실습이 끝날 무렵에 나를 알게 되어 지난 시간이 매우 아쉽다고. 이에 나는 나의 진가를 알아봐 주는 교생 선생님이 젊고, 세련된 사람으로 느껴졌다. 반면, 행실로 인해 교생 선생님에게 나에 대한 오해를 샀다는 사실에 충격을 받아 그날부터 컴퓨터 이용 시간을 줄여나갔다.

사실 내가 채팅에 빠져든 이유는 하나였다. 나를 있는 그대로 표현할 수 있다는 점. 나는 오프라인에서 만나는 친구나 사람들에겐 나를 있는 그대로 보여주지 못하는 아이였다. 하지만 온라인에서는 왠지 모를 용기가 솟았다. 내가 좋아하는 게 무엇인지, 싫어하는 건 무엇인지, 지금 감정은 어떤지 허심탄회하게 얘기할 수 있었다. 또 거절당하는 게 두렵지 않았고, 거절하는 게 힘들지 않았다. 타인에게 나의 모습이 어떻게 비칠지 불안해하며 걱정하지 않았다. 온라인에서만큼은 오롯이 '나'로 존재했다. 덕분에 그 시간이 즐겁고 행복했다.

이렇게 내가 컴퓨터와 한 몸처럼 일상을 보내듯 요즘 아이들은 스마트폰에 빠져 생활한다. 우리 아이들도 마찬가지다. 나도 안다. 손바닥만 한 핸드폰이 예전의 컴퓨터보다 기능이 훨씬 더 많다는 걸. 심지어 언제 어디서나 눈길을 사로잡고, 호기심을 자극하는 영상을 볼 수 있다. 성인인 나도 한번 잡았다 하면 시간 가는 줄 모르고 보고 있게 되는데 아이들은 오죽할까. 그래서 부모가 된 지금 아이들에게 필요한 게 무엇일지 생각해 본다. 단순히 핸드폰을 오래 사용하면 좋지 않으니 못 하게 말리는 건 객관적으로 따져 봐도 아이들에게 설득력이 없어 보인다. 어찌 보면 꼰대처럼 촌스럽기도 하고 말이다. 따라서 핸드폰을 잘 활용하는 법을 알려주고, 때로는 함께 알아가는 시간을 갖는 것도 필요하다 생각한다.

지금은 환경이 너무 많이 바뀌었다. 내가 컴퓨터와 사랑에 빠졌을 때는 컴퓨터가 반드시 있어야 하는 품목은 아니었다. 하지만 이제는 남녀노소 불문하고 핸드폰이 필수품이 되었다. 그렇다면 이 핸드폰이 나를 지배하도록 내버려 두는 게 아니라 나만의 필살기로 만드는 요령이 필요하다. 그것이야말로 세련되게 성장하는 바람직한 모습이 아닐까 한다. 그 과정에 아이들의 꿈을 지지하며 동행하는 현명한 엄마가 되고 싶다.

사춘기,
그 아이를 토닥여 주고 싶다

저녁 8시가 되면 방문을 쾅 닫는다. SBS 파워FM 107.7 라디오 주파수를 맞춘다. DJ 김예분 언니의 낭랑하고 쾌활한 목소리로 영스트리트가 시작된다. 오늘은 어떤 게스트가 나와서 즐거운 수다를 떨고 어떤 사연들이 소개될지 기대된다. 또 어떤 음악을 틀어 줄지 상상하며 온 귀를 라디오에 열어둔다. 그러나 이보다 더 기다리는 시간이 따로 있다. 그 시간을 위해 나는 화장실을 다녀오고 간단한 요기도 하며 한숨 돌린다. 그리고 다시 주파수를 맞춘다. 사춘기 소녀 여린 감성을 울리는 나긋나긋한 목소리의 DJ. MBC 표준 FM 95.9 '별이 빛나는 밤에' 이적 오빠를 만나는 시간이다. 나는 가수 카니발(이적, 김동률)의 '거위의 꿈' 노래를 좋아했다. 나에게는 꿈이 있고 지금 힘든 현실을 뚫고 나갈 거라 굳은 다짐을 했던 사춘기 여중생의 포부가 있었다. 그런 꿈같은 희망을 들려준 이적 오빠의 지적이면서도 감미로운 목소리는 내 마음에 한 줄기 빛이 되어 주었다.

　　중학교 3학년 사춘기가 왔을 때, 집을 뛰쳐나가 아무도 모르는 바닷가 근처에서 살고 싶었다. 이 시기, 1년간 학업을 놓다시피 하며 라디오와 함께 마음의 가출을 감행했다. 저녁 8시부터 4시간 동안 매일 라디오를 듣고 지쳐 잠들었다. 다음 날 다시 충전된 체력으로 저녁 8시만을 기다렸다. 노래와 이야기를 마음껏 듣고 꿈을 꾸는 시간이었다. 별밤지기 이적 오빠의 굿나잇 인사를 끝으로 긴 항해를 마치고 하루를 마무리한다. 책도 눈에 안 들어오고 친구와의 시간도 그리 즐겁지 않았던 아이에게 라디오는 전부와 같았다. 라디오만 듣다 보니 DJ에 빙의되기도 했다. 이것에 훌쩍 빠져버린 아이는 영스트리트를 진행하기도 하고 별밤지기 언니가 되어 보기도 한다. 그러다가 라디오 대본을 직접 써보는 방송 작가의 꿈을 꾸고 학교 생활기록부 장래 희망란에 당당히 방송작가를 적는다. 막연한 희망과 기대감에 부풀어 겉멋 든 사춘기 소녀의 꿈이었다. 그 뒤로 몇 년간 장래 희망은 방송작가였다. 소원이 이루어지면 연예인들 실컷 볼 수 있다며 설레발을 치기도 했다. 방송국을 드나들며 연예인들과 친해지는 꿈까지 꾸고 나면 어느새 나는 슈퍼스타가 된다. 생각하고 상상하며 방송국을 무한대로 드나들었다. 구멍 뚫린 상상 거리로 엉망이 된 머릿속 세계가 현실감 있게 돌아오기까지 시간이 꽤 걸렸다. 이 시간을 버티게 해준 라디오 프로그램은 나를 웃게 한 원동력이었다.

방에는 책상, 피아노, 행거가 디귿자로 놓여있고 나는 나머지 자리에 이불을 깔고 누워 라디오를 들었다. 그 시간과 공간은 나를 몇 센티미터 성장시켰다. 덕분에 고등학교에 가서는 방황하지 않고 오로지 대학만을 목표로 공부하였다. 그래도 꿈은 여전히 방송작가였다. 엄마는 안정적인 직업인 교사를 원하셨지만 난 그 꿈을 꾸지 않았다. 그러다 고등학교 3학년 불안한 현실 앞에 막연한 방송작가보다는 현실감 있는 교사가 낫다는 생각이 들었다. 그러고는 생활기록부의 장래 희망을 교사로 바꾸었다.

그렇게 여릿하고 하늘하늘한 감성과는 멀어진 채 수학과에 진학하여 수학 지도를 하게 되었다. 순간순간 올라오는 감성들이 이성적으로 변하고 사춘기 여중생의 공상과는 상관없는 삶을 살게 되었다. 결혼하고 아이를 가진 후에는 수학 지도마저 그만두게 되었다. 남편이 벌어다 주는 월급으로 생활하면서 아이를 돌보며 집에 있는 것도 익숙한 듯 편해졌고 나보다는 아이와 남편 위주의 삶을 살게 되었다. 그다지 하고 싶은 일도 없었고 열정이 생길 만한 일도 없었기에 그냥저냥 주부로서 10년을 보냈다. 그 시간 동안 나는 아이에게 그림책 읽어주는 일이 좋았고, 그림책 사보는 일에 재미가 들렸다. 우리 어렸을 때는 보기 힘들었던 예쁘고 감성적인 그림과 말들이 밋밋했던 주부 생활에 미소 지을 수 있는 여유와 즐거움을 주었다. 잔잔한 글과 그림을 보고 있으면 잠시 위안받는 느낌이 들어 그림책을 자주 사서 읽었다.

그림책은 나를 위로했고 글쓰기로 나의 이야기를 하게 했다. 처음 시작은 그림책 방을 운영하면서 그림책 관련 에세이를 편찬하는 편집자와 4주 글쓰기를 함께 하면서였다. 그리고 세 줄로 감정 일기 써보기, 여러 명이 릴레이로 이야기 만들기 등을 하면서 글쓰기에 좀 더 재미를 붙였다. 그러던 중, 대망의 2023년 1월, 임수진 작가가 운영하는 에세이 클럽 4기에 합류하면서 멀어졌던 감성을 되찾았다. 에세이 클럽은 나를 글 쓰는 이로 자리하게 했다. 수업이 끝난 지금도 나는 계속 글을 쓴다. 비록 여중생 때의 방송작가 꿈은 아니지만 공저를 내는 예비작가로서 지금 40대 삶을 좀 더 풍요롭게 보내고 있다. 어린 시절 방구석에서 라디오를 듣던 시간이 있어 감성 풍부한 지금의 내가 있지 않을까. 열여섯 나의 꿈을 현재진행형으로 만들어 준 마흔두 살 지금의 나를 응원한다.

"그때의 네가 허망한 꿈만 꾼 것은 아니었어.

너의 마음 속에 간직된 감성들,

지금부터 맘껏 뿜어내 봐!!"

모전여전

      한국미술재단의 「정통과 통섭」 2인 전에서 우상호 작가의 <the crying of mandala>가 눈에 들어왔다. 여러 분야의 책들이 꽂힌 붉은색과 푸른색 두 개의 책장이 나란히 붙어있는 그림이었다. 두 책장이 붙은 중심 쪽으로 책들이 몰려있고 바깥쪽으로는 앞으로 들어올 책들이 자리할 공간들이 있다. 책들은 장르별로, 읽은 시기별로 또 읽어야 할 것들로 나름 자리를 잡고 있다. 곧게 서 있는 책도 있고 옆에 있는 책에 어깨를 기댄 채 비스듬히 서 있기도 했다. 책들 사이에서 내 아이의 책장에 있는 책이 보였다. 아이가 중3 때 전혜린의 『그리고 아무 말도 하지 않았다』, 『이 모든 괴로움을 또다시』와 루이제 린저의 『생의 한가운데』를 사 왔다. 아이는 사춘기 때 '나는 엄마가 의도한 대로는 절대 하지 않을 거야'라고 다짐이라도 하듯 엄마가 제시하는 의견에 별로 귀 기울이지 않았다. 그리고 책은 자신이 선택해서 읽겠다고 했다. 아이가 사 온 책을 보며 안심이 되면서도 아이가 고민하고 있을 지점들을 생각했다. 삶에 더 한 발짝 성큼 내딛는 아이를 느끼며 안쓰러움이 일기도 했다.

　　딸의 책을 보며 여고생 시절이 떠올랐다. 두 작가 모두 내가 한때 아주 좋아했던 이들이었다. 전혜린의 『그리고 아무 말도 하지 않았다』를 읽으며 내게 일어나는 감정에 이름을 붙일 수 있었다. 전혜린의 뮌헨과 슈바빙을 상상 속에서 걸으며 그녀의 고독이 나에게 깊게 이입이 되면서 한동안 센티멘털한 여고생으로 지냈다. 그 시절 도서관에서 봉사하던 친구와 긴 편지를 주고받으며 부모 세대의 모순과 여성성을 강조하는 학교 분위기를 비관했다. 아이가 이 책을 읽으며 내가 느꼈던 고독이라는 의미와 함께 아이도 성장통을 겪고 있다고 느꼈었다.

　　루이제 린저의 『생의 한가운데』를 읽을 딸에게서 안도감이 느껴지기도 했다. 책을 읽고 세상과 부딪치며 겪을 마음의 상처를 스스로 치유할 강함을 갖기를 원했다.

여고생 때 읽은 『생의 한가운데』는 내 성격을 이해하는데 큰 도움이 되었던 책이다. 당시의 가정과 학교에서는 부모님과 선생님 말씀 잘 듣고 고분고분 순종하는 아이들이 늘 칭찬받았다. 자녀는 가정에서 학생은 학교에서 마땅히 그래야 했다. 칭찬을 원하거나 착하다는 말을 듣고 싶은 것은 아니었다. 스스로 문득 '내가 좀 이상한가?' 하는 생각은 나를 종종 불안하게 했다. 갈등 상황을 피하고자 내 주장을 강하게 하지는 않고 조용히 내 생각대로 하려는 마음이 컸다. 선생님이나 부모님의 행동과 말씀에 모순이 느껴지면 소리를 내지 않았지만 신뢰할 수 없었다. 어찌할 수 없이 따라야 할 때 마음은 괴로웠다.

또래들과 어울리는 것에도 흥미를 느끼지 못했다. 사람들과 소통하며 얻지 못한 것들을 도서관에서 책을 읽으며 해소했지만 외롭고 고독했다. 책 속의 주인공들은 세상과 많은 갈등을 겪고 자신하고도 불화하며 고독했다. 나 또한 친구들과 있을 때나, 집에서 가족과 있을 때도 고독했기에 책 속 주인공들의 상황에 동질감을 느끼며 위안이 되었다. 싫은 소리 듣지 않고 내가 선택한 것들을 하기 위해 선생님이 원하는 만큼의 성적과 학교생활로 눈에 띄지 않으려 했다. 하여 그 당시 내가 하고자 하는 것들을 소리 없이 사부작사부작할 수 있었다. 루이제 린저 소설 속 니나의 목소리에 힘을 얻으면서 그렇게 고등학생 시절을 보냈다.

사춘기에 접어든 딸은 자신의 마음을 드러내지 않았다. 아이가 그때 읽는 책과 듣는 음악을 보면 고민과 관심사를 가늠할 수 있어서 좋았다. 입시로 인해 마음의 여유가 없을 고등학생 때도 딸아이는 교보문고에서 책을 사 오곤 했다. 아이가 느끼지 못하게 살그머니 그 책을 읽기도 했다. 아이가 관심 가지고 있는 것을 짐작할 수 있어서 안심되었다. 마주하며 대화하는 시간은 적었지만, 아이의 생각을 알 수 있으니 불안하지 않았다. 아이에게 기본적인 믿음이 있었기에 책을 읽고 있는 한은 공부를 다그치지 않았다. 엄마에게 워낙 마음을 열지 않는 아이여서 아이가 좋아하는 음악을 들어보기로 했다. 아이는 주로 팝을 들었다. 여중생들이 아이돌 때문에 가슴앓이하는 경우를 더러 본 지라 딸은 언제나 그럴까? 하고 기다렸던 적도 있다. 아이는 미드와 영드를 보고 팝을 들었다. 내가 만난 여중, 여고생들과는 많이 다른 아이였다. 입시 중심의 삭막한 고등학교 교실 분위기를 싫어했다. 아이와 소통하기 위해 아이가 듣는 팝을 듣기 시작했을 때 내게 아델과 제이슨 므라즈가 들려왔다.

고등학생 때 친구가 데리고 갔던 음악감상실에서 '퀸'의 뮤직비디오 <보헤미안 랩소디>를 듣고 '퀸'에 빠져든 적이 있었다. 아델은 '퀸'과 다른 느낌으로 나에게 적잖은 감동을 주었다. 그녀만의 독특한 음색으로 자신의 삶으로부터 나온 가사는 애틋함과 함께 가슴 깊이 울림이 있었다. 제이슨 므라즈의 <벨라루나>는 시적이며 몽환적인 느낌으로 끝없이 끝없이 나를 현실이 아닌 곳으로 인도하는 듯했다. 승용차는 나의 음악감상실이었다. 운전대를 잡고 어느 날은 제이슨 므라즈를, 어느 날은 아델을 들으며 어디론가 떠날 수 있기를 원했다. 날씨와 합이 맞아 감정이 물꼬를 트면 끝이 없이 풀리는 실타래처럼 감정 과잉으로 몸도 지치곤 했다. 이런 느낌을 딸과 나누며 반응을 들으면서 우린 잠시 감정을 공유했다. 자신이 좋아하는 가수의 음악에 공감하며 느낌을 나누는 엄마에게 딸은 환한 웃음으로 반겼다. 매사 시크한 여고생 딸의 귀한 미소였다.

　　주기적으로 한 번씩 음악이나 작가, 그림에 빠져드는 성향이 나에게 준 것은 민감한 감성이었다. 감성적이기에 삶의 방향을 잡아가는 길이 어렵고 고된 부분도 있다. 하지만 그 감성적인 것을 추스르며 느낌이 삶이 되어야 하기에 의지가 생기고 결과로 힘을 얻기도 한다. 건조하지 않기에 세상이 더 아름다워 보이고 너무 자세히 보이기에 힘겨운 시간도 있다. 때때로 세상을 벗어나 상상의 세계에서, 작가의 작품 세계에서, 음악 속의 다양한 감정들로부터 카타르시스를 느끼며 살아갈 힘을 얻는다. 아이가 책장에 쌓이는 책들과 함께 자신의 취향을 가지고 살아가면 좋겠다. 음악으로 위로를 받으며 세상의 아픔들에 맞서 나아가는 삶이기를 소망한다. 예술을 벗 삼아 자신이 그려가는 삶을 실제로 이뤄갈 수 있기를 응원한다.

내 마음은 내가 정해

"꺅~~~"

　이른 새벽부터 요란한 소리를 냈다. 겨우 이틀 된 캄보디아 살기는 시작부터 순탄치 않았다. 침대에서 눈을 뜨자마자 바로 앞 보이는 하얀 벽에 작은 도마뱀 여러 마리가 기어 올라가고 있었기 때문이다. 캄보디아에서 관리 잘되는 집이라는 이야기를 듣고 결정한 집인데 방안에 도마뱀이 기어다니다니 심장이 두근거렸다. 바퀴벌레라도 놀랐겠지만 그땐 어떻게 없애야 하는지 알고 있다. 하지만 도마뱀은 어떻게 잡아야 하는지 전혀 몰랐다. 온 집안을 종종걸음으로 돌아다니며 방법을 궁리해도 떠오르지 않아 관리실에 전화해 도마뱀이 나타났으니 도와달라는 부탁을 했다. 그런데 전화기 너머의 목소리엔 놀란 기색이 전혀 없다. 그래도 친절하게 사람을 보내주겠다 했다. 출근 준비 중이던 남편은 캄보디아에 살면 앞으로 자주 보게 될 거라며 당황하지 않았다.

잠시 후 직원들이 찾아와 이곳저곳을 살피고 약도 뿌리며 찾아보지만, 신기하게 한 마리도 보이지 않는다. "마담!(우리나라 사모님과 비슷한 호칭) 도마뱀이 집에 있으면 재물 복이 생긴데요. 우리 집은 여기보다 도마뱀이 훨씬 많아요. 날이 밝아져 한 마리도 보이지 않는 거면 괜찮은 거예요. 그래도 마담이 싫어하니 약은 뿌렸고 다시 보이면 연락하세요."라는 말을 남기고 돌아갔다. 도마뱀을 잡아 사라진 것을 내 눈으로 확인해야 마음이 편안해질 텐데 언제 다시 나타날지 모를 도마뱀을 생각하니 불안이 사그라지지 않았다.

그날 밤 화장실에 들어가는데, 발밑에 무언가 휙 지나갔다. 도마뱀이었다. 움직임이 잽싸 어떻게 해볼 수도 없었다. 화장실도 편하게 들어갈 수 없는 타국 생활이란 생각에 갑자기 서러웠다. 마음 같아선 당장이라도 아이들과 한국으로 돌아가고 싶었다. 다음 날 캄보디아에 오래 살고 계신 분들에게 조언을 구했는데 도마뱀을 전부 사라지게 할 수는 없다고 했다. 방법이 없으니 그냥 적응하며 살라는 이야기에 당황스러웠다. 집으로 돌아오자마자 한국으로 돌아갈 비행기 표를 알아보기 시작했다. 그런데 비행기 표 예약부터 쉽지 않았다. 항공사 종류도, 비행기 시간도 다양하지 않고 자정이 되어야 탈 수 있는 비행기뿐이었다. 대중교통은 택시조차 없는 이곳에서 공항까지 가는 것부터가 쉽지 않아 보였다. 그제야 이곳에 오기 전 살았던 홍콩과 캄보디아는 상황이 많이 다르다는 것을 알았고, 심란한 마음도 도마뱀 때문만은 아니라는 것을 알았다. 도마뱀을 핑계로 녹록지 않을 캄보디아 생활에서 도망가려 했다. 그러나 이미 모든 짐이 예전 살던 홍콩에서 배를 타고 캄보디아로 향했고 한국으로 돌아간다 해도 세 아이를 데리고 머물 곳도 마땅치 않았다. 게다가 남편은 캄보디아 살면 홍콩보다 불편할 거라고 괜찮겠냐고 걱정했는데 그때마다 진지한 고민 없이 가겠다고만 했었다. 현실적으로 캄보디아에 적응하는 게 답이었고 그러기에 바뀌어야 하는 건 내 마음뿐이었다.

항상 익숙한 것만 좋아했는데 결혼 후 본의 아니게 타국살이를 하며 생활양식을 수정하고 행동을 바꾸는 일은 어려웠고 한국에 살았다면 고민할 일도 아닌 소소한 사건들에 전전긍긍해야 했다. 아이들의 예방 주사를 맞히기 위해 병원을 찾아가려면 차를 타고도 2시간 넘게 이동해야 했고, 어디를 가든 걸어 다니기엔 위험한 곳이 많아 항상 자가용을 타야 했다. 쥐가 방충망을 갉아 큰 구멍을 내어 집으로 들어와 난리가 났었고 집에서 일하던 아줌마가 내 돈을 훔쳐 가고, 마트에서 날치기도 당했다. 말하기 시작하면 그곳 에피소드는 끝이 없다. 그땐 아이 셋을 키우며 이런 고생까지 하는 게 힘들다는 생각뿐이었다. 하지만 돌이켜보면 그 시절 겪었던 소소한 시련들은 모두 그렇게 지나가야 하는 일이었고 과정이었다. 신기하게도 도마뱀 때문에 놀랐던 감정은 이젠 기억도 나지 않는다. 모든 것은 다 지나간다. 나에게만 들이닥친 불운이란 없었다. 이젠 감사하게도 켜켜이 쌓인 시간 덕분에 조그만 사건에도 쉽게 흔들리며 소심했던 내가 예전보다 담대한 사람이 될 수 있었다는 것을 안다. 덕분에 문제에 휘

둘리지 않고 중심을 잡는 의식적인 노력을 해내는 어른이
될 수 있었다.

———— 그러니 오늘도 내 마음은 내가 정한다.

———— 나만의 새벽 시간에 세수하고

———— 거울을 보며 주문을 말한다.

———— 긍정의 다짐이 에너지가 돼 주어

———— 무엇이든 거뜬히 이겨낼 테다.

조그맣게 살 거야

여름 해가 이르게 거실 통창을 투과하며 집안에 맑고 밝은 빛 그림자를 선물한다. 동향집에 하루 중 빛이 가장 환하게 가득한 순간이다. 아기 단풍나무들이 린넨 커튼 위로 작고 귀여운 빛 문양을 만드는 순간을 놓치지 않고 사진첩에 담아둔다. 밤새 잘 마른 그릇들을 하나씩 꺼내어 종류별로 정리하고 투명한 유리컵들과 머그잔들도 제자리를 찾아준다. 말간 주방을 바라보고 있자면 잠시 베테랑 주부가 된 느낌이다.

소란이 비집고 들어오기 전 집안의 온도를 사랑한다. 하지만 이 기분도 잠시, 어질러진 식탁 풍경으로 하루가 분주히 시작된다. 모두 바쁘게 각자의 자리를 향해 가는 동안 세탁기와 건조기를 돌리고 식탁의 흔적들을 말끔히 치운다. 이제 다락까지 마흔두 개의 나무 계단을 부직포

걸레로 닦아내고 나면 비로소 아침 청소가 끝이 난다. 한숨 돌린 후 드립 커피 한 잔을 내려 손에 쥔 채, 봄이 번지고 있는 거실 창 너머를 바라다본다.

분명 거실 창 왼쪽 끝에서 하얀 뭉게구름처럼 피어나야 할 벚꽃에 아직 아무 변화가 없다. 이사 오던 첫해부터 매해 봄, 나는 나의 벚나무에 언제쯤 꽃물이 오를지, 언제쯤이면 뽀얗게 만개할지 애태우며 기다리는 습관이 생겼다. 한해 한해 나이 들어가면서 벚나무는 꽃샘추위를 유독 힘들어했고 눈치 없이 마른 가지에 앉는 새들을 버거워했다. 주변의 봄꽃들이 앞다퉈 필 때도 가장 늦게 피고 빨리 졌다. 열흘가량이면 매달고 있던 꽃잎들을 미련 없이 바람에 날려 보내고 다시 앙상하게 애처로운 모습으로 남은 계절을 보낸다. 그래도 고마운 건 늦게 피더라도 아직 봄을 건너뛴 적은 없다는 사실이다.

'나의 벚나무는 올해 몇 살쯤 되었을까…'

봄이 되면 던지는 질문이다. 사계절이 오가는 풍경들을 거실 창 너머로 바라보며 나는 자주 행복했다.

아파트 생활에 익숙해 있던 내가 이곳, 타운하우스로 이사 오게 된 건 9년 전이다. 계획에 없던 우연하고도 무모한 결정이었다. 불과 그 2년 전 우리는 지방에서 수도권으로 이사했고 30평대의 아파트를 포기하는 대신 25평의 오래된 아파트를 베란다 확장과 욕실 공사, 방문까지 모두 교체하는 대규모 공사를 감행했다. 한 달 넘게 광주와 수원을 오가며 아파트 리모델링에 매달렸다. 엄마는 '살아보니 평생 내 집은 없다'라고 조언해 줬지만, 우리는 평생 살 집처럼 우리가 가진 에너지와 예산을 몽땅 쏟아부었다. 다섯 살, 일곱 살 형제가 살기에 어린이집 바로 위층은 꽤 만족스러운 타협안이었기에 두 아이가 다 클 때까지 오래오래 그 집에 살 작정이었다. 하지만 엄마의 우려처럼 2년 만에 우리는 가장 공들인 집을 뒤로 하고 또다시 이사하게 되었다. 아파트의 편리함과 학군지의 혜택까지 버리고 우리가 선택한 네 번째 집을 두고 가족, 친구, 지인들 모두 의아해했다. 타운하우스라는 기대감에 훨씬 못 미치는 작은 집의 규모를 보며 아무도 오래 부러워하진 않았다. 우리 집은 TV 속 넓은 정원과 근사한 드레스룸을 갖춘 부촌의 단독 타운하우스들과 자주 비교되며 완두콩이나 땅콩집으로 불렸다. 열어둔 창으로 집에 대한 타인의 편견을 들어야 할 땐 맘이 속상했지만 크기에 상관없이 우리는 이 집을 가장 아끼고 사랑했다. 많은 계단은 평소 운동 부족인 나에겐 적당했고, 작은 뜰 안에서 매일 올려다볼 수 있는 밤하늘이 참 좋았다. 여름엔 덥고 겨울엔 추운 다락도 아이들에겐 좋은 아지트였다. 길가 모퉁이에 심은 꽃들로 오가는 이들이 함께 행복할 수 있다는 사실도 집이 나에게 가르쳐준 것들이다. 특히 작은 집을 정신 사납게 만드는 잡동사니들을 하나씩 없애면서 물건에 대한 오랜 집착을 버릴 수 있었다.

비움과 채움의 시행착오로부터 과잉된 것들을 포기하자 삶은 훨씬 가볍고 홀가분한 상태가 되었다. 이제 소파나 김치냉장고, 전기밥솥 없이도 전혀 힘들지 않다. 타인과 나의 욕망을 분별하고 나면 지금보다 자유롭고 단순한 삶을 살 수 있다는 사실을 하나부터 열까지 가르쳐준 나의 집이 있기 때문이다.

————— 나는 오늘도 '나'다운 집에서

————— '나'답게 살아간다.

가끔씩 그대 마음 흔들릴 때는
한 그루 나무를 보라
바람부는 날에는
바람부는 쪽으로 흔들리나니

– 이외수 '가끔씩 그대 마음 흔들릴때는'에서

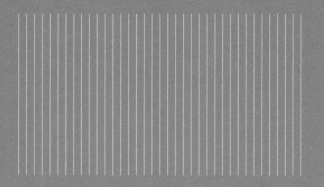

3장
가끔씩 그대 마음 흔들릴 때는

그거면 충분한 거야

"엄마 너무 더워! 물놀이하고 싶어"

"대야에 물 받자!"

말이 끝나기도 전 동생과 나는 수영복으로 갈아입었다. 이때부터 엄마, 아빠의 두 손과 발이 바빠진다. 자줏빛 김장용 커다란 고무 대야에 물이 한가득 담아지고 바로 옆에는 물놀이하다 쉴 수 있는 돗자리 공간도 마련되었다. 대야에 발을 담그니 차디찬 물이 온몸으로 퍼져 무더위가 저만치 날아가는 것 같다. 우리 집 라일락 나무 그늘에 우리만의 풀장이 만들어진 것이다. 돗자리는 수영장에서 비싼 자릿세를 내야 하는 비좁은 벤치랑 비교할 수 없이 편안하다. 집 앞 작은 마당이 5성급 호텔 부럽지 않은 훌륭한 야외 수영장으로 변신했다. 동생과 나는 부엌에서 비닐봉지를 챙겨 마당으로 나와 그 안에 터질 듯 물을 가득 채운 후 무거워지면 저절로 손을 놓치게 되는 놀이를 했다. 별거 아닌데도 신이 난다. 호스로 서로에게 물을 뿌리다 보면 무더위가 우리 사이를 비집고 들어올 틈이 없어 보인다. 수도꼭지 끝부분에 손가락을 대고 꾹 누르며 마당 곳곳에 뿌려본다. 이제는 대야 물속에 호수를 넣어 물거품을 만들며 논다. 누나들의 노는 모습을 보기만 해도 막냇동생은 신이 났는지 고사리 같은 손으로 물을 첨벙첨벙하고 까르륵 웃는다.

엄마가 수박을 잘라 돗자리로 가져다주시자, 우리 셋은 입안 가득 수박을 베어 먹으며 씨를 퉤퉤 뱉고 누가 씨를 멀리 날리는지 시합한다. 마당의 갈라진 작은 바닥 틈 사이를 보니 개미들이 무언가 나르고 있다. 그 모습을 지켜보다 장난기가 발동해 일부러 먹던 수박 조각을 개미들 주변에 뱉었다. 그러자 개미들이 어느새 모여 수박 조각을 옮기느라 분주하다.

시간 가는 줄 모르고 놀았더니 배꼽시계가 시간을 알려준다. 내 마음을 들여다본 듯 아빠가 작은 버너를 마당으로 가지고 나와 지글지글 삼겹살을 굽기 시작하셨다. 맛있는 고기 냄새가 마당 가득 채워지자 즐거움은 곱절이 된다. 밤이 되자 마당에 있는 봉숭아꽃을 몇 개 따서 손가락에 물을 들인다. 엄마는 마당에 있는 큰 돌, 작은 돌을 가져와 큰 돌은 받침대로 사용하고 작은 돌은 절구 삼아 꽃잎을 찧었다. 그리고 백반을 아주 조금 넣으며 "백만은 절대로 먹으면 안 되는 거야. 잘못 먹으면 죽을 수도 있어"라는 무서운 경고로 겁을 주신다. 엄마의 그 말이 얼마나 무섭게 들렸는지 마흔이 넘은 지금도 백반을 보게 되면 그때의 엄마 목소리가 귓가에 들리는 듯하다.

어린 시절 들은 이야기는 신기할 정도로 내 안에 깊게 박혀 마치 녹음된 레코드처럼 반복 재생된다. 엄마는 백반 넣은 봉숭아 꽃잎을 손가락에 올리고 직사각형 모양으로 자른 검은색 비닐봉지를 손가락에 하나씩 감싼 후 굵은 실로 꼭 묶었다. 손가락이 조금만 쪼여도 답답하다고 하는 딸들의 성화에 봉숭아 꽃물들이기는 쉽지 않다. 딸들의 유난스러움을 탓하면서도 실을 다시 풀어 살살 묶어주는 수고를 해주신다. 열 손가락 모두 검은 비닐봉지 옷을 입자 동생과 나는 서로의 손을 바라보며 웃었다.

특별할 것 하나 없지만 이보다 더 신나고 재미날 수 없는 하루를 보냈음이 확실하다. 밤이 깊어져 방에 들어가니 이미 불을 지펴 둔 모기향 냄새가 코를 자극한다. 잠자리에 들어서는 봉숭아 꽃물 씌운 봉지가 벗겨져 꽃물이 이불에 배어들까 조심스러워 두 손을 번쩍 들어 만세를 한다. 내일이면 곱게 물들인 열 손가락을 만날 수 있다는 바람으로 부푼 밤이다.

30년이 훌쩍 지난 여름날의 기억인데 모든 감각 속에 살아 있는 듯 생생하고 마치 영화 보듯 선명하다. 세상살이에 지칠 때마다 소환하는 어린 시절의 추억이다. 지금 생각해 보니 그땐 진짜 행복을 알았다. 타인이 규정해 놓은 행복이 아닌 나만의 행복을 말이다. 어른이 되려고 세상에 맞추어 살며 수많은 소음에 귀 기울이다 보니 정작 내 안에서 외치는 목소리는 외면해 외로웠다. 녹화된 비디오테이프를 꺼내 틀어보듯 소박했지만, 행복했던 추억을 꺼내본다. 어린 내가 마흔이 훌쩍 넘은 나에게 다가와 말해준다.

"당당하게 네가 원하는 행복으로 살아.

남의 행복과 비교하지 마!

너의 행복으로… 그거면 충분해! 괜찮아. 너로 살아."

——— 열 살의 내가

——— 따스한 눈빛으로 미소 지으며

——— 나를 바라보아준다.

——— 한 발짝 앞으로 나갈 힘이 생긴다.

우리의 대나무 숲

그는 오늘도 '루미네'로 간다. 다 큰 어른들도 걱정과 불안으로 인생이 쉽지 않다. 타인의 시선과 나로 살지 못한 삶은 점점 무거운 쪽으로 끌어내린다. 오늘 밤도 그는 드라마 <나의 아저씨> 친구들을 만나 '한결같지 않은 삶'에 대해 늦도록 이야기할 것이다.

'루미'는 우리의 캠핑카 이름이다. 바닥 텐트부터 카텐트, 루프탑을 거쳐 4년 전 캠핑카 유저가 되었다. 주말이면 복작하고 활기 넘치는 가족의 공간이지만 혼자일 때는 마음마저 헐거워지는 고요하고 단정한 공간이 된다. 오늘 밤은 그가 혼자 울 수 있도록 내버려두고 자리를 뜬다. 종일 질퍽거렸던 마음도 <나의 아저씨> 친구들과 소주 한 잔 곁들이며 수다 떨다 보면 조금은 개운하고 덜 쓸쓸한 얼굴이 되어갈 것이다.

그와 18년을 살면서 처음 알았다. 남자의 몸에도 눈물이 참 많다는 사실을. 그가 처음 울던 날을 기억한다. 어디서부터 들고 걸었는지 비닐봉지 안 아이스크림이 형태도 없이 다 녹아버린 여름밤, 그는 나에게 와서 서럽게 오래도록 울었다. 녹아내린 아이스크림이 마치 그의 눈물 같아서 심장이 쥐어짜듯 아팠다. 이후에도 계절이 돌아오듯 그는 울었다. 그때마다 눈물의 이유를 다 묻진 않았지만 살아보니 울 이유는 차고도 넘쳤다.

어릴 적부턴 툭하면 우는 나를 두고 외할머니를 닮아서라며 엄마는 못마땅해하셨다.

멀리 살아서 들키지 않을 뿐 나는 여전히 눈물 꼭지다. 꽤 울어본 사람이기에 '눈물'을 조금은 안다. 눈물은 슬픔으로만 가득 차 있지 않다는 걸…. 눈물은 치유와 용서, 감동과 감사함의 씨앗을 품고 나를 조금 더 어른으로 키워내고 있다는 사실도.

일상의 불안과 사춘기 아이들과 부딪힘, 이름 붙이기 힘든 감정들에 매몰되며 자주 길을 잃었다.

그런 날이면 나도 '루미네'로 향한다. 아무에게도 들키고 싶지 않은 마음을 들고 가서 한참을 머물다 온다. 문 하나를 사이에 두고 고요와 적막함으로 나를 감싸 주는 이 작은 공간이 큰 위로가 된다. 흙탕물 같았던 마음이 서서히 가라앉는다. 잠깐이지만 불확실한 삶과 불안으로부터 멀어지며 다시 무심한 듯 명랑한 내가 된다. 좋아하는 음악과 커피 한 잔을 곁에 두고 글을 쓰다 보면 '세상에서 가장 작은 카페'가 부럽지 않다. 잠시 엄마, 아내, 며느리, 딸로 부족했던 나 자신과 멀어지며 지쳤던 마음에 쉼표를 찍는다.

열어둔 창으로 풀벌레 소리와 부드러운 밤바람, 달빛이 은은하다. 그도 여기에 앉아 수많은 혼잣말을 마음 노트에 받아 적었겠다고 생각한다. 우리 둘의 비밀을 알지만 아무에게도 말하지 않는 우리의 커다란 대나무숲! 이제 우린 조바심으로 서로의 한숨과 눈물을 설명하지 않아도 된다. 다 큰 어른의 눈물도 담담히 담아주는 '루미네'에서 가끔 울고 나면 또 괜찮은 하루를 맞이할 수 있기에….

<나의 아저씨>에서 어린 지안에게 따뜻한 어른, 동훈이 해주던 말을 오늘 밤은 우리의 캠핑카_'루미'의 대나무숲이 내게 속삭인다.

——— '아무도 모르면 돼
——— 그러면 아무 일도 아니야'

*PS. 얼마 전 이선균 씨의 소식을 들었다. 여전히 매일 밤 다정한 위로를 건네는 나의 영원한 아저씨 '동훈'에게 아니, 故 이선균 씨에게도 마지막 안부를 전하고 싶다.

고마웠어요, 늘 옆에 있어 줘서.

지안(至安), 그의 마지막 당부처럼

이제 부디 그도 편안함에 이르렀기를 빌어본다.

***나의 아저씨** _ jtbc 드라마

작은 창과 작은 방

처음 내 방을 갖게 된 건 열여덟이 되던 해 겨울이었다. 나는 고3을 앞두고 있었다. 언니들이 차례로 대학에 가자 '고3 우선주의' 원칙에 의하여 드디어 독립된 공간을 소유하게 된 것이었다. 그토록 꿈꾸고 바랐던 혼자만의 방이었다. 그래봤자 가로세로 3미터도 안 될 작은 방. 침대 하나 책장이 딸린 책상 하나 작은 옷장 하나를 넣고 나면 바닥에 앉을 곳도 제대로 없었다. 그러나 내겐 그만하면 충분했다. 더 넓을 필요도, 더 화려할 필요도 없었다. 나는 내 방을 사랑했다.

그 방의 가장 좋은 점은 작은 창이 있다는 것이었다. 창문 따위 없었다 해도 혼자 있을 수 있는 것만으로 그저 좋았겠지만, 창이 있는 것으로 방의 매력은 백 배 아니 만 배쯤 더해졌다. 책상에서 손을 뻗으면 닿는, 그리 크지 않은 그러나 너무 작지도 않은 창. 드르륵 소리가 나도록 창을 열면 까만 밤하늘을 만날 수 있던 곳. 나는 창을 소유한 것으로 인해 하늘을 소유하고 별을 소유한, 세상에서 가장 부유한 소녀가 되었다. 낮에 창을 열면 양쪽 옆으로 아파트 다른 건물들이 보여 답답했지만, 밤의 창으로는 오로지 반짝이는 불빛과 하늘만이 가득했다. 늦은 밤 야간 자습을 끝내고 지쳐 집에 돌아오면 잠시라도 책상에 앉아 창문 밖 하늘을 바라보곤 했다. 비가 오는 날에는 후드득 떨어지는 빗소리가 좋았고, 바람이 부는 날에는 창을 흔드는 바람 소리가 좋았다. 어리고 미숙했던 그 시절. 창은 나와 세상, 나와 미래의 꿈을 연결해 주는 작은 통로였다.

나는 그 방에 담긴 모든 것들을 사랑했다. 라디오, 창, 하늘, 그리고 침대 위에 흩어진 책들을 사랑했다. 다른 이들처럼 나 역시 쉽지 않은 고3 시절을 겪었다. 입시에 대한 부담과 끝없는 경쟁 속에서 오직 살아남기 위해 움직였다. 친구들과 학교에서 웃고 떠들며 우리에게 시험 따윈 없다는 듯 추억을 쌓았지만 그럼에도 언제나 불안했다. 내면에서는 끊임없이 탈출구를 찾고 있었다. 그런 시절 하루하루를 버틸 힘이 되어 준 것은 바로 작은 나만의 공간, 짧은 나만의 시간이었다. 새벽 다섯 시 반에 일어나 버스를 타고 학교에 가서 보충 수업부터 시작하고 집에 돌아오면 밤 열한 시. 내 방에 들어와 창을 통해 까만 밤하늘을 바라보다 책이 가득 놓인 아늑한 내 침대에 쓰러지는 것. 그 공간과 시간만이 충족되지 않는 나의 삶을 채워주는 존재들이었다.

1년만 참아라.

대학만 가면 하고 싶은 것 다 할 수 있어.

언젠가 이 시절이 그리워질 거야.

모두가 그런 말을 했다. 실제로 나는 그 시절이 그립다. 친구들과 함께 교실에서 보낸 순간들이 그립고, 교복 입고 눈빛을 나누던 친구들이 그립고, 풋풋하고 순수했던 내 감성도 그립다. 하지만 그리운 건 지금의 몫이고, 힘든 건 그때의 몫이었다. 미래에 그리울 거라 해서 현재가 힘들지 말란 법이 없다. 전투적으로 대학을 위해 미래를 위해 나아가야 할 시간이었지만 내 안에서는 해결되지 않는 욕망으로 꿈으로 언제나 미세하게 흔들리고 있었다.

그 꿈과 욕망이 자꾸만 커져서 격렬하게 나를 흔들면 나는 창을 열고 밤하늘을 보았다. 작은 스피커에서는 디제이의 목소리가, 혹은 고요한 음악이 흘러나왔고 모든 현실이 아스라이 느껴졌다. 세상의 불빛들과 하늘의 별빛을 바라보며 언젠가 닿을 수 있는 꿈이 되기를 소망했다.

　그 고3 여학생이 이제 40대의, 글을 쓰는 이가 되었다. 각자 자기만의 방이 필요하다고 아우성치는 식구들에게 방을 내주고 낡은 식탁 구석에서 글을 쓴다. 아직도 내겐 나만의 방과, 나만의 창, 그리고 나만의 밤하늘이 필요하다. 하지만 이제 그것들은 이미 내 안에 있다. 더 이상 밤에 별빛과 하늘과 눈을 마주치지 않지만,

───── 내 안에 가득한 추억으로 인해 삶으로 인해
───── 내 안의 '작은 창과 작은 방'은
───── 오늘도 풍요롭다.

철들지 않는 사람

　　파리 여행을 계획할 때 가장 먼저 떠올 랐던 것이 클로드 모네와 지베르니였다. 파리에서 기차 로 한 시간 거리에 있는 지베르니에서, <수련> 연작이 탄 생한 모네의 정원이 보고 싶었다. 스위스 일정이 가장 길 게 잡힌 여정이었기에 프랑스에서는 파리 한 군데만으로 만족해야 했다. 여행을 떠나기 전에 모네의 <수련> 연작 이 있는 오랑주리 미술관과 기차역이 미술관으로 재건축 된 오르세 미술관 티켓을 미리 샀다. 오르세 미술관은 미 술관의 전시 작품보다 기차역을 리모델링한 건축물이 더 궁금했다.

　　아이들이 어릴 적부터 함께 갤러리에 다니는 것을 즐 겼다. 둘째를 안은 채로 큰아이의 손을 잡고 힘들다 느끼 지 않고 다녔다. 둘째가 조금 커서 잘 걸을 수 있을 때부터는 갤러리에서 그림을 보고 나와 경복궁과 덕수궁에 가서 아이들을 놀렸다. 차도 자전거도 없는 넓은 고궁 마당에서 아이들은 제약받지 않고 자유로웠다. 아이들을 통제해야 할 위험 요소가 없으니 나 또한 편안하고 안심되었다. 봄과 이른 가을에는 경복궁 꽃과 단풍이 소격동 현대갤러리, 금호미술관, 국제갤러리 등에서 그림을 보고 온 우리들을 반겼다. 아이들은 민속 박물관 마당에서 흙 놀이를 하다가 원두막에 있는 엄마를 불러 그들의 생각을 말하곤 했다. 그렇게 종일 밖에서 놀았던 날은 광화문이 종점인 버스를 타고 집으로 돌아가는 길에 아이들은 차 안에서 깊이 잠들었다. 아이들이 처음부터 조용히 그림 보는 것을 좋아할 리 없었겠지만 언젠가부터 고궁에서의 시간을 기대하며 갤러리에 가는 것을 즐거워했다. 한 달에 한 번 정도 고궁과 갤러리 나들이는 아이들도 나도 즐길 수 있는 기다려지는 이벤트였다. 한국의 국가 부도 위기로 한적한 평일, 자유하고 평화로웠던 고궁에서의 시간은 멈추었다.

1997년 IMF 외환위기 때 남편 회사는 희망퇴직자를 공고하면서 내부 분위기는 뒤숭숭했다. 몇몇은 퇴직을 신청하여 이민을 준비하거나 자기 사업을 계획했다. 아이 낳은 직후에 회사로 복직하길 원했던 상사의 제안을 거절했던 것이 후회되었다. 아이들이 고학년 될 때까지 일을 하지 않고 육아에 전념하겠다던 결심도 흔들리기 시작했다. 새로 입주한 아파트의 대출금을 갚아나가야 할 일. 당장 직장을 잃을 수도 있는 가장의 상황. 모든 것이 불안했다. 그때 예측할 수 없는 내일에 대한 불안감을 이기고자 새벽 기도를 드렸다. 추위를 많이 타면서도 알람 소리에 눈을 뜨면 두꺼운 외투를 걸치고 컴컴한 새벽을 걸었다. 아이들이 아직 어려서 당장 할 수 있는 일은 기도뿐이었다.

그 당시 경제적인 염려로 움츠러들었던 것과 달리 참으로 모순되는 행동이 하나 있었다. 덕수궁 현대 미술관에서 본 아트 포스터를 산 일이다. IMF 상황 전에는 아트 포스터가 맘에 들어도 당장 사려고 하지 않았다. 더 괜찮은 포스터를 만날 수 있을 거라며 여유를 부렸다. 그런데 그때는 지금보다 더 나쁜 상황이 오면 포스터를 살 마음과 경제적인 여유가 없을지도 모른다는 생각이 들었다. 매달 사용하는 생활비도 어찌 될지 모르는 상황에서 깊은 고민은 되었지만 결국 눈여겨봤던 아트 포스터를 주문했다. 인상파 화가 클로드 모네의 <아르장퇴유의 항구>를 암녹색 프레임에 맞춰달라며 카드 할부로 18만 원을 결제했다. 그 당시에는 적잖은 금액이었다. 포스터가 배달되었지만 바로 거실에 걸지 못했다. 한 번씩 다녀가시는 친정엄마로부터 철딱서니 없는 행동이라는 걱정을 듣고 싶지 않아서였다. 포스터를 사고 몇 개월 동안 보이지 않는 곳에 두었지만, 마음은 안정되고 편안해졌다. 마음이 가득 채워진 느낌. 모네의 포스터가 나에게 준 특별한 경험이었다.

그런 이유로 모네가 정원을 만들고 가꾸면서 그림을 그리며 생의 마지막을 보냈던 지베르니에 꼭 가고 싶었다. 모네는 둥근 벽이 있는 공간을 만들어 주면 그곳에 걸맞은 거대한 작품을 그려서 국가에 기증하겠다고 제안했다. 오랑주리 미술관에 수련 연작이 전시되고 있는 두 개의 타원형 공간이 그것이다. 지베르니에는 가지 못했지만 오랑주리 미술관에서 모네의 <녹색 반사>, <버드나무와 함께하는 아침> 등 대작을 보며 그를 느낄 수 있었다. 불안한 시기에 좋아하는 화가의 포스터를 사는 일. 그때는 그림이 나에게 어떤 영향을 미치는지 인식하지 못했다. 아직도 거실 한 부분을 차지하고 있는 모네의 그림. 어려운 시절을 함께 해서인지 다른 그림으로 교체하고 싶은 마음이 아직 들지 않는다. 다른 좋아하는 화가들의 그림이 많지만 집으로 데려오는 포스터는 늘 정해져 있다. 아일랜드 더블린에서도 모네의 <돛단배가 있는 아르장퇴유> 아트 포스터를 사 왔다. 모네는 젊은 시절 아르장퇴유에서 5년간 살았다. 모네의 작품 중에 아르장퇴유 배경이 많은 걸 보면 그곳을 무척이나 좋아했던 듯하다. 다시 프랑스를 여행할 기회가 있다면 센 강가의 아르장퇴유도 들러야겠다.

마음속 작은
외딴 방 탈출기

학교에서 돌아오면 언제나 빈집이었다. 게다가 단칸방이라 문을 열고 들어서면 더 휑해 보였다. 그러던 어느 날, 방이 하나 더 생겼다. 옆집에 살던 아가씨가 나가게 되면서 우리가 사용하게 된 것이다. 그날 얼마나 신이 났는지 모른다. 더욱이 엄마가 나와 동생을 위해 침대와 책장, 작은 책상을 장만해 주어 세상을 다 얻은 듯한 기분이었다. 하지만 출입문이 달라 들락거리기가 불편하여 아빠는 자유롭게 왕래할 수 있도록 벽을 깨부수었고, 우리는 벽면이 터실터실한 그 상태로 문도 커튼도 없이 사용했다. 그것은 곧 가난을 상징한다는 걸 나중에 다른 친구들 집에 놀러 가서야 알 수 있었다.

아무튼 우리 식구는 방의 크기로 이름을 붙였다. 기존에 살던 집은 큰방, 새로 얻은 집은 작은방. 작은방은 나와 동생이 사용했는데, 단점이 하나 있었다. 볕이 잘 들지 않는다는 거였다. 큰방과 옆집 담벼락에 둘러싸여 햇빛이 전혀 들지 않았고, 불을 켜도 밝지 않았다. 심지어 회색빛까지 감돌아 침울하기까지 했다. 그런 방에서 나는 대부분 책을 읽거나 인형 놀이를 하며 시간을 보냈다.

그렇다고 해서 집에 책이 많았던 건 아니다. 아빠가 들여 준 창작동화와 백과사전이 고작이었다. 그런데 백과사전은 펼칠 엄두가 나지 않아 책장에 고이 모셔두다시피 했고, 창작동화 한두 권씩 꺼내 읽곤 했다. 창작동화가 집에서 나에게 말을 거는 유일한 친구였다. 이제 와 돌이켜 보니 책 읽으라고 닦달하는 부모님도 없었고, 책도 많지 않은 상황에서 무료함을 달래기 위해 스스로 책을 꺼내 읽은 그때의 내가 참 대견하다 싶다. 또 그렇게 했던 덕분에 지금까지 독서를 즐거운 일로 받아들일 수 있었던 게 아닐까 한다. 이유는 책 선택권이 나에게 있어서 재미있는 책 위주로 골라서 읽을 수 있었으니까. 게다가 책 속에서 나는 새로운 친구들을 만났기에 그 무렵 책과 부쩍 가까워졌다. 그리하여 성인이 되어서도 누군가와 만나기로 약속하면 만날 장소를 일부러 서점으로 정해 약속 시간보다 일찍 나가서 책을 읽으면서 기다렸다.

책 외에도 어린 시절 나의 외로움을 달래준 대상이 하나 더 있었다. 바로 인형이다. 그 당시 두 개의 인형이 있었는데, 하나는 팔다리를 부드럽게 구부렸다가 펼 수 있었고, 다른 하나는 뻣뻣하게 고정되어 있었다. 나는 그 인형으로 1인 2역을 하며 시간 가는 줄 모르고 놀았다. 인형 놀이도 인형 놀이였지만 나는 구멍 난 양말로 인형 옷을 만들 때가 가장 즐거웠다. 엄마가 바느질하는 걸 곁눈질로 오랫동안 보기도 했고, 학교에서 수예를 배우기도 했기에 바느질은 자신 있었다. 도안 없이 마음껏 자르고 꿰매고 나면 인형 맞춤형 옷이 탄생했다. 상의와 하의, 원피스, 코트 등 스타일도 다양했다. 여기에 재미들인 나는 멀쩡한 양말과 옷에도 손을 대어 엄마에게 엄청 혼이 나기도 했다.

이렇게 옷까지 만들어 입혀 가면서 오랜 시간 애지

중지했던 내 인형의 최후 모습은 어땠을까? 비단결 같은 머릿결은 온데간데없고 마치 남자 인형 같았다. 처음에는 긴 머리카락이 엉킬세라 조심조심 가지고 놀다가 시간이 조금 지나면 묶고, 땋고, 풀기를 반복한다. 그러다가 싫증이 나면 '에라 모르겠다.'하는 마음으로 머리카락을 댕강 잘라버렸다. 그래도 여전히 잘 가지고 놀기는 했다. 내 유일한 말동무였으니.

　특히 나는 평소 있었던 일을 바탕으로 상황극을 만들어 놀았다. 부모님과 선생님이 했던 말과 행동을 되새김질하면서 현실에서는 하지 못했던 말을 쏟으면서 마음의 응어리를 풀었다. 상황극에선 그 누구도 나에게 잘못했다고 비난하는 사람이 없었기에. 그렇게 하고 나면 조금이나마 스트레스가 해소되었다. 그 시절에는 몰랐지만, 책과 인형이 곧 부모님이었고 친구였다.

　그래서일까? 나는 책과 인형에 더 의지했고, 갈수록 혼자 노는 시간이 많아졌다. 그러다 소리 소문 없이 사춘기가 찾아왔다. 종종 친구들과도 인형 놀이를 했는데, 어느 순간부터 그게 촌스럽게 느껴진 것이다. 그래서 꽤 친했던 동네 동생이 같이 인형 놀이를 하자고 제안했을 때 거절했다. 그 뒤로 나와 그 아이 사이는 길에서 만나면 인사만 할 정도로 데면데면해졌다. 이제 와 생각해 보니 나는 단지 인형 놀이를 거절했던 건데 동생은 자신을 거절했다고 받아들였던 게 아닌지, 만일 그랬다면 오해를 풀지 못해 아쉬운 마음이 든다.

지금까지 내가 했던 이야기를 통해 짐작했는지는 모르겠지만 나는 초등학생 때 친구가 없었다. 혼자 놀기에는 달인이라고 할 정도의 경지를 보였지만, 타인과의 관계에 있어서는 서툴기만 했다. 인형에게는 마음속 이야기를 잘도 했지만, 실제 친구와는 한 번도 내 생각이 나 속마음을 터놓은 적이 없다. 친구에게 무시당할까 봐, 버림받을까 봐 혼자 전전긍긍했고, 잘 표현하지 못해서 내 곁을 떠나는 친구들을 보면서 속상해했다.

이제는 관계에 있어서 가장 중요한 건 상호작용이라는 사실을 안다. 이마저도 숱한 시행착오 끝에 얻은 깨달음이다. 그 누구도 작은방에서 홀로 지내는 나에게 '함께'의 소중함을 가르쳐 주지 않았기 때문이라고 변명하고 싶지만, 부정적으로 살지 않기로 다짐한 내게 어울리지 않는 모습이라서 말을 아낀다. 대신 경험과 책을 통해 상대방의 이야기에 귀 기울이고, 관계의 핵심을 아는 어른으로 성장한 데 감사하려 한다. 더불어 작은 골방에서 탈출해 세상과 마주한 나를 축복한다.

따뜻하고 시원한 그늘을 내어주는
작은 나무이기를 바란 적 있었네

– 박남준 '작은 나무'에서

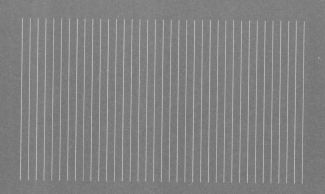

청춘의 아지트

"어디서 만나?"

"아지트에서 볼까?"

"그러자고. 참 오랜만이네.

거기 아직도 벤치가 그대로 있나?"

"있을걸?"

　오래된 아파트 가장 안쪽에 놀이터가 있다. 고층 아
파트가 병풍처럼 가로 세로로 막아주어 외부와 단절된
느낌을 주는 곳이다. 놀이터 옆에 벤치 세 개가 나란히 일
자로 서 있는데 그중 가운데 벤치가 우리의 아지트였다.
비가 오면 다 맞아야 했고, 겨울이면 추운 대로 버텨야 했
다. 여름이면 모기를 쫓아야 했고 아파트 생활 소음이 울
려 퍼졌다. 왜 거기를 아지트라 했는지 알 수는 없지만 자
연스럽게 약속 장소가 되었다. 아무래도 고등학교와 집에

서 거리가 먼 곳을 선택했으리라 추측된다. 특별하거나 멋진 벤치도 아니었다. 네모 각목으로 만들어져서 틈새도 넓었다. 덕분에 오래 앉아 있으면 엉덩이와 허벅지에 나무 자국이 남았다. 이상하게 이 아파트에 들어오면 약속이나 한 듯이 습관처럼 그 벤치에 앉았다. 왠지 다른 벤치에 앉으면 뭔가 불편했다. 그 벤치에 앉아 들어오는 시야가 편했다. 사방이 아파트 경치였고 사람들에게 훤히 보이는 장소임에도 뭔가 특별함이 있었다.

아파트가 있는 자리는 내가 태어난 곳이다. 사라진 나의 고향이다. 목동에 아파트 단지가 들어서면서 허름한 집들이 모두 사라졌다. 논과 밭도 사라지고 여름 장맛비에 넘치던 하천도 메워졌다. 내가 태어났던 집과 골목도 자취를 감췄고, 초등학교 때 친구들과 야구하던 공터도 아파트가 가져갔다. 덩그러니 내가 다니던 초등학교만 남았다. 서울은 한번 개발되면 어디가 어디인지 구분이 어려울 정도로 변한다. 그렇다! 그곳은 아파트 단지라기보다 우리의 추억이 묻어 있던 공간이라고 해야겠다. 눈에 보이는 건 회색빛 아파트지만 우리 머릿속에서는 벤치 어디쯤 우리가 뛰어놀던 골목이고 공터였다.

　　초등학교 시절, 학교 주변은 논과 밭이었다. 반에는 농사짓고, 돼지를 키우는 친구도 많았다. 친구 집에 놀러 갔다가 논에서 피를 뽑은 적도 있다. 미나리 밭에 들어가서 다리에 거머리를 붙이고 나왔던 곳이다. 공터도 많아서 글러브와 배트를 가지고 나와 끼리끼리 모여 야구하곤 했다. 작고 허름한 집들 사이로 작은 골목길이 많아 숨바꼭질하기도 좋았다. 하천 주변에는 판자로 된 무허가 건물이 많았다. 비가 많이 오면 하천이 범람해서 판자촌을 덮치곤 했다. 참으로 어렵고 힘든 시절이었다. 침수 피해로 친척이 우리 집으로 피난 오기도 했다. 지금은 복개천이 된 건지 아예 하천을 막아버린 건지 그렇게 자주 넘치던 하천도 사라졌다. 거기에 목동 아파트 단지가 들어서며 집값은 역전됐다. 우리 동네는 변두리로 남았고, 목동은 따라갈 수 없을 정도로 비싼 땅으로 둔갑했다. 불과 도로 하나 차이로 땅값이 달라졌다. 초라한 곳에 머물렀던 우리 학교는 어쩌다 목동 학교가 되었다. 덕분에 우리 학교는 유명해졌다.

　우리는 그 비싼 동네에 아지트를 마련했다. 우리가 뛰어놀던 그 장소가 아지트가 되었으니 우리 삶의 대부분을 여기서 벗어나지 못하고 있다. 아파트가 들어선지도 어언 40년이 다 되어가지만 내 기억 속에는 아직도 그때 그 골목이 떠오른다. 일명 덴뿌라(어묵) 공장이 우리 아지트 건너편에 있었다. 냄비를 가지고 가면 아주 저렴하게 가득 채워 올 수 있었던 곳이다. 친구들은 아직도 거기를 기억한다. 아지트에 앉아서 옛 추억이나 이야기하고 있어도 시간은 잘도 간다. 같은 시간과 공간을 나누었기에 우리 이야기는 잘도 통한다. 그 벤치에서 가장 싼 커피라고 자부하는 레쓰비 캔 커피를 들고 수많은 이야기를 나누었다. 이상하게 레쓰비여야 구색이 맞았다. 대학생이 되고 회사에 다니면서도 "커피 사와!" 하면 그냥 레쓰비였다.

　전화를 걸어 따로 이야기하지 않아도 '나와라' 하면

으레 여기였다. 언제인가, 술 마시고 귀가하던 날이었다. 마음도 복잡하고 우울한 기분에 아지트로 발길을 돌렸다. 비도 오는데 우산도 없이 거기를 왜 간단 말인가? 가로등 불빛 속에 흩뿌려지는 안개비가 마치 노랫말 가사 같았다. 기분도, 비 오는 날씨도, 어두운 벤치도 여간 청승맞은 게 아니었다. 기분 내다가 옷이 다 젖을 것 같은 현실감도 밀려왔다. 친구에게 전화해 볼까? 우산이나 가지고 나오라 할까? 전화기를 들어 번호를 검색하다 종료 버튼을 눌렀다. 비 오는 날 이 무슨 추태란 말인가? 여기서 비를 맞고 걸으면 집까지 족히 20분은 걸어야 했다. 나는 놀이터를 돌아 화단을 가로질렀다. 아무리 비 같지 않아도 이미 젖어서 앉을 수는 없을 테지만 상관없었다.

어라 이건 뭐지? 젖어 있을 거라고 생각했던 벤치에 선명하게 새겨진 하트가 눈에 들어왔다. 방금까지 누군가 앉아 있었던 모양이다. 나는 엉덩이를 잘 맞추어 자리에 앉았다. 희미한 온기가 전해지는 것만 같았다. 누군지 모르지만, 감사한 일이었다. 나는 엉덩이 하트를 통해 마음의 위안을 받는 것만 같았다.

"거기 내 자린데!"

그때 어디선가 목소리가 들려왔다. 음성이 들려오는 곳으로 고개를 돌려보니, 네온사인 불빛 아래에서 레쓰비 커피를 손에 들고 우산으로 얼굴을 가린 검은 그림자가 걸어왔다. 나는 그림자에 소리쳤다.

"이거 너 엉덩이였어?

비 오는데 혼자 여기서 뭔 궁상이여?"

"그러는 너는 비 맞으면 뭐 하는 짓이여?"

그날 둘이 앉아서 어떤 말을 나누었는지는 기억나지 않는다. 그냥 비 오는 날도 약속 없이 만날 수 있는, 그걸로 좋았다. 아지트라면 그 정도는 돼야 하지 않겠는가? 시골이었다면 앞에 보이는 아파트가 숲이었겠고, 우리 앞에 보도블록이 냇가였을지도 모르겠다. 아파트에 울리는 사람들의 생활 소음이 새소리였을까? 그래도 별것 없는 이 장소에서 친구들과 많은 추억을 쌓았다.

어느 날부터인가 아지트가 마음에서 멀어졌다. 사회에 나오고 결혼하며 우리는 너무 바빴다. 가끔 전화 통화만

하고 어쩌다 한 번씩 여기에서 만났다. 그마저도 내가 경기도로 이사한 후에는 만만치 않았다. 뭐가 그리 바빴을까? 세월이 지나 벤치도 부스러지고, 페인트도 몇 번 덧칠한 흔적이 역력했다. 벤치 주변에는 개미집들이 많이 생겼다. 벤치에 앉아 있으면 개미를 털어내야 했다. 벤치가 낡아가는 것처럼 우리 삶도 나이를 먹고 낡아가는 것만 같았다.

아지트에서 만나는 친구들은 초등학교 2학년 때 같은 반이었다. 그러고 보니 수십 년 세월을 같이 보낸 친구들이다. 나를 빼고 나머지는 세 명은 아직도 동네를 떠나지 않았다. 덕분에 지금도 서울 가서 '나오지' 하면 여기로 통한다. 고향에서 어렵지 않게 볼 수 있음에 감사하다. 서울 변두리라 개발도 늦은 곳이 뭐가 그렇게 좋다고 평생을 사느냐고 농담도 던져본다. 그래도 친구들이 있고 아지트가 살아 있어 고향이라 부를 수 있지 않겠는가?

여기에 앉아 별을 봤고, 우주에 대한 말도 안 되는 개똥철학을 떠벌렸다. 군대 갈 걱정과 미래의 두려움에 담배를 나눴다. 이제는 다들 담배도 끊을 정도가 되었으니,

미래의 불안함이 건강 걱정으로 바뀌고 있다. 담배와 레쓰비 캔 커피 하나만 있으면 자유를 얻을 것 같았다. 이제는 캔 커피를 마시며 당 수치를 걱정한다. 아파트 들어선지 오래되어 이제는 재개발 이야기가 나온다. 어쩌면 우리 아지트도 유효기간이 다 되어가는가 보다. 동네 놀이터가 아파트촌이 되었고, 이제는 초고층 아파트가 들어설지도 모른다. 그때는 지하상가 어디쯤에서 만나고 있을까? 골목길의 추억과 놀이터 벤치의 추억은 친구들의 기억 속에서만 살아 있겠다.

"친구야. 나 고향 왔다. 어디서 볼까?"

"거기서 만나."

"커피 사 갈까?"

"캔 커피 안 먹는다. 설탕 없는 아메리카노로 사 와라."

아파트 들어가기 전 카페에 들러 아메리카노와 라테를 산다. 양손에 들고 도로를 건너 아지트로 향한다. 나이를 먹어도 여전히 그 자리에서 친구가 다리를 꼬고 손을 흔든다.

이상적인 서재

집에 들어서자마자 오른편에 있는 갈색 미닫이문을 열면 이곳은 나의 세계. 나만의 서재다. 모지스 할머니의 그림 <메이플 시럽 만들기>가 제일 먼저 눈에 들어온다. 흰 눈이 배경이 된 버몬트 어느 마을의 모습. 내가 가장 좋아하는 그림이다. 한가운데 놓인 아이보리색의 푹신한 소파는, 어느 지친 날 집에 돌아와 외투도 벗지 않은 채 쓰러지기에 제격이다. 짙은 색 패턴 쿠션들이 여기저기 흩어져 있고 소파 밑에는 아침에 읽다 만 책이 몇 권 널려있다. 카프카의 소설 한 권, 지인의 기도문 책 한 권, 그리고 나희덕 시인의 시집 한 권. 소파 옆에는 따뜻한 주황 불빛의 스탠드가 켜져 있다. 요즘은 눈을 보호하기 위해서 미국 사람들도 형광등 하얀 불빛을 선호한다지만, 서재에만큼은 꼭 이 따뜻한 불빛을 놓고 싶었다. 책을 비추는 따스하고 안락한 조명은 반드시 백열등

이어야 했다. 그것이 나의 로망이었다. 눈에 안 좋은 건 다음 문제다. 그 뒤로는 크진 않지만 세련된 네이비색 책상이 있다. 금색의 스탠드와 잘 어울리는 조합이다. 책상 위에는 끄적이다 만 노트가 잔뜩, 노트북이 한 대, 옆으로는 열댓 권의 책이 삐뚤빼뚤 쌓여있다. 그러나 이 방의 하이라이트는 역시 벽면을 가득 채우는 책장이다. 한국에서부터 모은 책들. 그렇게 이사를 하면서도 꿋꿋이 들고 다닌 책들이 이제야 당당하게 책장에 꽂혀 빛을 발한다. 서울에서 뉴욕으로 뉴욕에서 세인트루이스로 세인트루이스에서 다시 메릴랜드로, 이사만 몇 번을 했고 책장을 몇 번이나 비웠다 채웠다 번번이 박스에 포장하면서 고민했던, 민폐를 끼치는 존재처럼 구박만 당했던, 그러면서도 차마 버릴 수 없었던 책들이었다. 이제야 비로소 제자리를 찾은 책들이 편안해 보인다.

한마디로 완벽하게 편안하고 세련된 분위기의 서재다. 아이들이 학교에 간 후 커피 한 잔과 함께 서재에 틀어박히면 시간이 어떻게 흐르는지 모른 채 그 안에서 온종일 보낼 수 있는 곳. 단 하나도 과하거나 모자람이 없다.

톤은 차분하고 책 냄새와 커피 향이 공중에 떠돌아 안정감을 주며 누구라도 한참을 머물고 싶어 하는 그런 공간이다. 참으로 오랫동안 나는 이곳을 꿈꾸어왔다.

그렇다. 미국 와서 십 년쯤 지나면 집에 이런 서재 하나쯤은 있을 줄 알았다. 완벽한 나만의 공간이 있을 줄 알았다. 그리고 아이들과 함께 그곳에서 책을 읽으며 토론하고, 웃으며 이야기를 나눌 줄 알았다. 겨울에는 담요를 덮고 소파에 앉아 핫 코코아를 마시며 만화책을 읽다가 깜빡 졸기도 할 줄 알았다. 아이들이 잠들면 나는 우아한 가운을 걸치고 다시 서재에 들어와서 낮에 읽다 만 책을 늦게까지 읽고, 남편이 '당신 안 자?'하면서 들어와 낮에 있었던 일들을 웃으며 이야기할 줄 알았다. 내 서재는 집 안에서 가장 따뜻하고 훈훈하고 모든 대화의 장이 되는 장소일 줄 알았다.

지금 내가 앉아서 글을 쓰고 있는 곳은 식탁 한쪽 끝이다. 다이닝룸 벽에 붙여 놓은 8인용 긴 나무 식탁의 한쪽 끝. 벽 쪽으로 작은 책꽂이를 올려놓고 자주 보는 책 열 두어 권을 꽂아놓았다. 그 앞에는 그래도 흘러넘치는 책 이며 노트, 필기구가 아무렇게나 늘어져 있고, 나는 그 가운데 노트북을 놓고 글을 쓴다. 이곳이 현재 나의 서재다. 8인용 나무 식탁의 벽 쪽 자리. 1인분의 자리. 1인분의 책꽂이. 여기서 나는 1인분의 글을 쓰고 1인분의 책을 읽는다.

하루의 대부분을 나는 이곳에 앉아서 지낸다. 붙박이로 이 자리를 차지하고 종일 주방과 식탁 내 자리 사이를 종종걸음으로 오간다. 가족들은 하루에도 여러 번, 수십 번까지도 이 자리를 왔다 갔다, 앉았다 사라졌다 한다. 아이들은 이곳에서 식사를 하고, 숙제를 하고, 아이패드를 하고, 말싸움을 하고, 바쁜 엄마를 괴롭히다 또 사라진다. 그 자리에 남편이 와서 커피를 마시고, 내가 펼쳐놓은 책들을 무심히 들춰보고, 시시껄렁한 잡담을 하다 또 사라진다. 영화필름이 돌아가듯 비슷한 화면이 반복되는 사이 나는 꿋꿋이 내 자리를 지키고 있다.

미국에 왔던 13년 전, 이케아에 가서 샀던 식탁. 참 오래도 들고 다녔다. 아이들의 스티커 자국과 음식 자국 냄비 자국으로 낡고 닳을 대로 닳았다. 이사 갈 때마다 사포질을 하고 니스칠을 했다. 그러기를 몇 번. 처음엔 두툼했던 나무판의 두께가 이제는 반으로 줄어들었다. 아마도 이 집에서 마지막 생명을 다할 것이다. 13년 동안 식탁으로서도 책임을 다했으나 책상으로서도 언제나 나와 함께 해 왔다. 그렇게 정이 들었지만 이제는 이별을 해도 좋겠다 싶었다. 이번 집에서는 그만 안녕을 고하고 식탁도 새로 사고 나도 '이상적인 서재' 안으로 숨고 싶었다. 그러나 또 불발되고 말았다. 남는 방은 내 몫이 아니다. 아이들이 독립해야 그나마 내 몫의 방이 나올 테지만, 그때는 이미 '아이들이 함께 웃으며 책을 읽고 토론하는' 이상은 끝나는 것이다. 아니지. 지금 서재가 있다 해도 그건 힘들 것 같다. 책보다는 영상을 좋아하는 아이들이니. 이래저래 이상적인 서재는 힘들겠다. 말 그대로 이상 속에서나 존재하는 걸로 해야겠다.

　　오늘도 나는 오래된 8인용 나무 식탁 한쪽 끝자리에

서 글을 쓴다. 다양한 현실과 공유하는 낡고 투박한 나의 자리. 잠시 눈을 감고 이상적인 서재를 꿈꿔 보지만 이상은 이상 현실은 현실. 알고 보면 이 책상이 내겐 그 어느 장소보다 더 많은 행운과 행복의 글들을 안겨다 주었는지 모를 일이다. 그리하여 지금 내가 이 책에 글을 쓰고 있지 않은가.

———— 멀고 손에 잡히지 않는 서재의 이상 대신,
———— 낡고 오래된 식탁 같은 행복을
———— 손에 쥐고서 말이다.

파전에 엄마의 사랑을 싣고

　　나는 부모님의 직업이 부끄러웠다. 햇빛이 쨍한 날 학교 수업을 마치고 친구들과 남포동에 나가면 엄마는 항상 극장 앞에서 호떡을 팔고 있었다. 그런 엄마의 눈에 띄지 않으려고 나는 일부러 친구에게 팔짱을 껴 다른 길로 가곤 했다. 하지만 아이러니하게도 나의 최애 간식은 엄마가 들고 오는 팔다 남은 호떡이었다.

　　호떡 장사를 하는 엄마가 유일하게 쉬는 날은 비가 오는 날이었다. 건설 현장에서 일용직으로 근무하는 아빠도 마찬가지였다. 그래서 어릴 적 나의 소박한 바람은 매일 비가 오는 거였다. 이러한 이유로 나는 장마철이 있는 여름이 좋았고, 비가 오는 날이 손에 꼽히는 겨울은 싫었다. 그리고 엄마만 있다면 아빠가 없어도 괜찮았다. 반면, 엄마가 없는 집에 아빠와 있는 건 유독 불편했다. 어린 시절 아빠의 존재는 무섭고 두려웠기에.

사실 나는 비를 좋아하지 않는다. 비를 맞으면 옷이 젖고, 젖은 옷이 몸에 착 달라붙어 질퍽거리는 느낌이 싫다. 그런데도 비가 오길 바라는 어린 시절 진짜 마음은 엄마와 함께 시간을 보내고 싶어서였다. 그리하여 비가 오는 날이면 버스를 타고 집으로 갔다. 학교에서 집까지 걸어가면 30분이지만 버스를 타면 짧게는 5분 길면 10분이 채 안 걸렸으므로. 그렇게 버스에서 내려 한달음에 집으로 가면 집 안 온도부터 달랐다. 엄마가 없는 날엔 적막과 차디찬 냉기가 나를 반겼다면, 엄마가 집에 있는 날은 "우리 딸 학교 잘 갔다 왔어?" 하는 반가운 인사와 함께 맛난 음식이 나를 기다리고 있었다. 단연 최고는 엄마의 존재였다. 더불어 엄마가 구워주는 파전이 이유 없이 좋았다.

덕분에 하늘에 구멍이라도 난 듯 비가 주룩주룩 쏟아지는 날을 좋아하게 되었다. 물론 여전히 비를 맞는 건 싫다. 하지만 경쾌한 빗소리를 들으며 창밖으로 내리는 비를 하염없이 바라보고 있노라면 그 시절 엄마와 함께했던 순간순간에 금세 빠져들곤 한다. 추억팔이하기에 제격이라 이제는 오히려 비를 반기는 이유다.

학창 시절 이렇게 나만의 세계에 빠지곤 했는데, 아직도 한 장의 컬러 사진처럼 선명하게 떠오르는 나의 모습이 있다. 바로 비가 오는 날, 수업에 집중하지 않고 창밖을 내다보며 혼자 묻고 답하는 장면이다. 그때 내 머릿속에는 '오늘은 비가 오니까 집에 가면 엄마가 있겠지?', '파전을 해놓고 있으려나?', '파전이 없으면 어때, 엄마가 있는데. 수업 끝나면 집에 빨리 가야지!'와 같은 생각으로 가득했다. 한편으로는 어린 나이에 철은 있었는지 근심이 가득한 엄마 얼굴을 떠올리며 이런 생각도 했다. '매일 비가 오면 좋겠지만 그럼 엄마는 비 오는 날 할 수 있는 다른 일을 찾아야 하겠지?'

이렇듯 나를 기분 좋게 하는 추억의 영향인지 나는 여전히 파전을 좋아한다. 엄마는 주로 부추와 오징어, 홍합 그리고 땡고추를 넣은 파전을 해줬는데, 기름을 많이 두르고 센불에 튀기듯 부쳐내면, 겉은 바삭하고 속은 촉촉한 일명 '겉바속촉' 전이 탄생했다. 그러면 나는 과자처럼 바삭한 부침개의 테두리는 아무에게도 양보하고 싶지 않을 만큼 좋아했다. 또 입안을 감도는 땡고추의 맵싸한 감칠맛도 일품이었다. 그래서 나는 무조건 테두리 부분을 먼저 먹고, 고추가 들어간 부위를 골라 먹었다. 매운맛이 입안에서 사라질 때쯤이면 접시는 텅텅 비었다. 그러면 엄마에게 더 달라고 빈 접시를 내밀었다. 마치 채워지지 않는 엄마의 사랑을 대신해 채우듯이.

그때는 먹고살기에 바쁜 엄마의 사랑이 내 마음에 와 닿기보다 고생하는 엄마에 대한 애틋함이 더 가득했던지라 애먹이는 딸이 되고 싶지 않았다. 더 정확히는 힘이 되는 듬직하고 착한 딸이 되고 싶었다. 당시의 환경을 회상해 보면 얼마든지 불량 청소년이 될 수 있었지만 방황하지 않고, 바른길로 성장할 수 있었던 건 엄마의 관심과 헌신적인 사랑 덕분이라고 믿는다. 한때 나는 사랑받지 못한 존재라며 어린 시절을 부정적으로만 인지하기도 했지만, 이 글을 쓰는 지금, 엄마의 무한한 사랑과 신뢰를 받고 자랐음이 새삼스레 느껴져 마음 한구석이 따뜻해진다.

요즘도 비가 오는 날이면 가장 먼저 떠오르는 메뉴는

단연 파전이다. 학교 간 아이들과 한창 일하고 있을 남편을 생각하며 시어머니가 손수 농사지어 보내준 부추와 파를 쫑쫑 썰어 밀가루 반죽을 한다. 땡고추가 빠지면 서운하니 아이들을 생각해서 한 개만 다져서 같이 섞는다. 달궈진 프라이팬에 반죽을 올려 노릇노릇하고, 빠삭빠삭하게 굽고 있으면, 비밀번호를 누르는 소리와 함께 아이들과 남편이 차례로 들어온다. 그럼 곧이어 이런 대화가 흐른다.

"와 파전이다!"
"손부터 씻고 와!"
"엄마, 난 손 다 씻었어요. 빨리 파전 주세요."
"천천히 꼭꼭 씹어 먹어."
"난 파전 끝이 제일 맛있어!"
"엄마, 더 주세요."

순식간에 파전 몇 장을 해치우는 남편과 네 아이. 그 행복한 모습이 눈앞에 그려졌으니 다가오는 주말에도 가족들과 파전을 구워 먹으며 사랑을 나눠야겠다.

집을 향하여

내 방 창문 너머에 새로 문을 연 초등학교 건물이 보인다. 하교하는 아이들을 보면 물속에서 헤엄치는 작은 금붕어나 반짝이는 조약돌 같다. 턱을 괴고 가만히 그 모습을 바라본다. 저 안에서 아이들의 꿈이 새록새록 자라겠구나. 작은 가슴속에는 뿌듯함도 퍼지겠지? 넘어지고 깨지고 다시 일어나는 일도 만나게 될 거야. 그 속에서 아이들이 맞닥뜨릴 어려움을 생각하니 마음이 옥죈다. 이런저런 생각에 잠겨있다가 전화벨 소리에 퍼뜩 빠져나온다. "엄마, 나 어젯밤에 왔어."

대전에서 일하는 둘째의 전화다. 학교 다닐 때 함께 몰려다니던 친구의 생일을 위해 각지에 흩어졌던 친구들이 모였고 자기도 퇴근 후 SRT를 타고 용인으로 올라왔단다. 휴일은 단 하루라 오늘은 내려가야 하는데 엄마 얼굴 한번 보고 가겠다며 말꼬리를 흐린다.

성인이 된 딸들과는 멀리 떨어져 생활하고 있어서 두 달에 한 번도 만나지 못할 때가 있다. 그래도 아이들에게 부담 주기 싫어서 오라, 가라, 보고 싶다, 이런 얘기는 내 속으로만 하는 금기어다. 가끔 딸은 소리 없이 왔다가 조용히 갈 때도 있다. 어찌어찌 알게 되더라도 모르는 체한다. 아이가 내게 미안함을 느끼게 하고 싶지 않아서다.

새벽부터 일하려면 번거롭고 힘드니 그냥 가라고 했다. 딸은 아쉬움이 잔뜩 묻은 목소리로 말을 이어간다. 물갈이를 하는지 어젯밤 내내 설사를 했는데 몸이 아프니까 엄마 생각이 더 많이 났었다며, 그러니까 꼭 보잔다. 옆에서 친구들에게 돌봄을 받으면서도 엄마한테 전화해 줘. 우리 엄마 뭐 하고 있을까? 하며 엄마 타령을 했더니 네가 나이가 몇 갠데 아직도 엄마 타령이냐고 쥐어박혔다고. 그래서 더 엄마가 보고 싶었다나. 나보다 두 뼘이나 더 큰 게 애교를 섞어 징징거리니 웃음이 나온다.

어릴 때 둘째는 맏며느릿감이라는 소리를 듣고 자랐다. 뽀얗고 해사한 얼굴에 동그란 인상처럼 넉넉하고 속이 깊었다. 할아버지 할머니를 제 부모처럼 챙겨드리고 집안에 크고 작은 일에도 적극 나서서 우리의 큰 힘이 되어 주곤 했다. 아빠 엄마한테 깜짝선물 주기를 좋아해서 캐나다 유학을 마치고 귀국할 때도 제 언니와 007작전을 계획해서 갑자기 들이닥쳐 우릴 기절하게 만들기도 했다.

내 생일에 바빠서 못 오겠다고 하더니 저녁에 케이크에 불을 켜서 들고는 현관 앞에서 케이크 배달 왔습니다! 하고 생글거리는 아이다. 그런 딸은 내 얼굴을 보자 햇살같이 웃는다. 같이 점심도 먹고 차도 마셨다. 내 어깨에 팔을 두르고 쇼핑하다가 내게 딱 맞겠다며 수수한 점퍼 하나를 골라준다. 그렇게 한낮의 오수같이 달고 감질나는 시간을 보내고 헤어진다. 대신 작별 인사는 간단하고 쿨하게. 다시 볼 거니까. 딸아이는 배탈로 고생했던 표정이 아닌, 하고 싶은 일을 해낸 개운한 얼굴로 내게 손을 흔든다.

엄밀히 말하면 학교든 집이든 직장이든 그것은 우리 생의 작은 일부분이다. 그곳에서 배우고 넘어지고 또 새롭게 성장하기도 하지만 그곳은 잠시 머무르는 곳일 뿐이다. 누구나 그 과정에서 다친 마음을 누일 수 있는 쉼터가 필요하다. 아이들에게 내가 그런 집이면 좋겠다. 아등바등 살아내느라 까맣게 잊었다가도 허기처럼 떠오르는 곳. 일상의 숨 가쁜 턱걸이 속에서 잠시 물 마실 시간을 낼 수 있는 곳. 수많은 생채기 속에서도 자동으로 구심력을 향해가는 곳이길. 아무 의심 없이 등을 기대도 되는 곳이 있다면 구석에 감추어둔 어둠도 잘 갈무리되지 않을까? 각자 자신의 몫을 살아내는 가운데 잠시 마음속의 집을 떠올리는 것만으로 안심이 될 것이기 때문이다.

몇 년 전 나는 엄마를 보내고 그런 장소 하나를 잃었다. 속상한 일을 만났을 때 무턱대고 어리광을 부리고 마구 일러바칠 수 있는 곳 말이다. 그러나 반대로 엄마와 헤어지고 나서 더 깊이 엄마를 알게 된 것 같다. 살아계실 때 진하게 나누지 못했던 마음이 오랫동안의 애도를 거쳐 더 단단하게 하나 되고 있다는 느낌이 들었다. 난 아직도 엄마의 품에 있는 딸이란 생각이 마음을 포근하게 감싼다. 내가 우리 엄마처럼 아이들에게 언제든 기대고 싶은 마음속의 집인지는 모르겠다. 그렇지만 결국은 돌아오고 싶은 곳, 아이들에게 그런 곳이 되기를 잠잠히 바라본다.

자연과 살아요

"후 ~~~~~~~~"

살 것 같다. 막혔던 혈관의 흐름이 원활해
지고, 명치에 걸린 묵직함이 쑥 내려간다. 계단을 한발 한
발 오르며 숲속 길에 도착한다. 주변의 나무들이 잘 왔다
고 어서 오라고 반겨준다. 잘 아는 산길이라 혼자서도 거
뜬히 산봉우리까지 오를 수 있다. 많은 사람이 오가기에
등산길이 잘 정비된 수원 광교산이다. 20대, 아빠의 취미
덕분에 나도 등산에 재미를 붙였다. 주말마다 산에 가시
는 아빠와 함께했다. 평일에는 나 혼자 간단히 짐을 싸서
산으로 향한 날도 많았다. 높은 봉우리에 올라 산 아래를
내려다보면 그동안 묵혔던 체증이 다 내려간다. 그렇게
산속에서 맑은 공기 마시고 온 자연을 품고 나면 나는 앞
을 향해 나아갈 수 있는 충만한 에너지를 얻는다.

광교산 자락 아래, 몇 단지 안 되는 단출한 아파트가 있었다. 우리 집과는 거리가 있기에 산자락 밑에 있는 그 아파트에 살고 싶었다. 저 집에 사는 사람들은 공기도 좋고 산에 가고 싶을 때 바로 갈 수 있어 좋겠다는 부러움도 일었다. 등산을 하고 내려오는 길에 한참 그곳을 바라보며 동경의 대상으로 삼곤 했다. 이후 결혼하고 나는 성남의 한 아파트에 살게 되었다. 가파른 언덕에 단지가 많은 주공아파트이다. 남한산성이 바로 옆에 있고 단지 안이 온통 숲 천지이다. 동경했던 그 바람이 이루어진 순간이다. 산 가까운 곳에 공기 좋은, 내가 살고 싶었던 바로 그 장소.

　　지금은 조금 번잡한 곳에만 가도 나무가 있고 숲이 있는 우리 집으로 빨리 돌아오고 싶다. 이곳의 맑은 공기, 푸르른 숲을 보면 마음이 편안해진다. 집 대문으로 들어오는 복도 길에는 남한산성 자락이 굽이굽이 펼쳐져 있다. 들어오는 길목에서 숨을 내쉬며 산세를 보면 그날의 모든 피로가 풀린다. 집에 있다가 나가려고 대문을 여니, 어느새 나무들의 옷 색깔이 알록달록하다. 눈이 펑펑 내린 겨울날이면 설산의 진풍경으로 굵직한 환호성이 절로 나온다. 아파트 사이사이 길목에는 작은 숲이 펼쳐진다. 숲의 나무는 오래되어 길쭉하고, 큰 나무들이 즐비하다. 그곳을 아이와 걷고 있으면 아파트 안이지만, 산속에 와 있는 듯하다. 공기를 훅 들여 마시고 내쉬어 본다. 내 몸 안에 나무들의 피톤치드가 들어온다. 아파트만 한 바퀴 돌아도 나무 숲길을 많이 만날 수 있다. 그래서 머리가 복잡할 때는 숲길을 거닐며 생각도 정리하고 마음을 차분히 해 본다.

아이가 어릴 때부터 남한산성 유아 숲은 놀이터였다. 중간중간 놀이를 하고 피어 있는 꽃도 보고, 연못에 올챙이들을 보며 유아 숲을 오른다. 숲을 내려오면 두 시간이 훌쩍 지난다. 주말에 자주 그곳으로 놀러 갔다. 여름에는 산 아래로 내려오는 계곡물 주변이 아이가 물놀이하고 더위를 식힐 수 있는 장소였다. 졸졸졸 흐르는 물소리를 듣는 것도 하나의 재미였다. 어디선가 솜사탕 냄새가 은은하게 풍겨온다. 그러면 하트모양의 잎을 찾아본다. 여지

없이 주변에는 계수나무가 떡하니 자리 잡고 있다. 은행나무 잎이 노란 길을 만들며 떨어질 때는 이제 곧 겨울이 온다는 소식도 알려준다. 그동안 함께 잘 놀았다고 안부 인사도 전한다.

가끔 숲 놀이 체험을 신청하여 숲 놀이 선생님들과 함께 체험도 해 본다. 아이는 자연과 더불어 새로운 경험을 하면서 수업에 빠져든다. 낙엽을 봉지에 모아 천 위에 올리고 협력하여 공처럼 통통 튀겨 떨어지지 않게 하는 놀이에 아이들은 집중한다. 봉지를 떨어뜨리지 않게 하는 방법도 머리 맞대어 생각해 본다. 나뭇잎으로 찻잔 받침도 만들어 선생님이 직접 만들어 오신 모과차를 맛보면 살짝 추웠던 몸의 냉기가 따뜻해진다. 어릴 때부터 아이가 자연을 옆에서 보고 느끼며 자란 환경이 삶의 영양분이 되었다. 자연과 더불어 살면서 아이는 건강하게 쑥쑥 잘 자라고 있다.

올해부터 나는 자주 유아 숲에 와서 맨발 걷기도 하고 흐르는 계곡에 발도 씻고 산세의 좋은 공기를 마시며 지내고 있다. 더운 여름이 시원하고 좋았다. 아이와 늘 함께 오던 곳이었는데 아이가 좀 커서 여유가 생기니 나를 위한 시간을 갖게 된다. 산속을 걸으며 흘린 땀방울은 몸속에 새로운 활력을 준다. 이렇게 10년을 산과 가까이 지내니 이곳을 벗어난 삶은 생각하기 싫다. 여기서 터전을 잡고 살고 싶다.

그런데 우리 집은 재건축을 앞두고 있다. 아직 원활하게 이루어지지 않고 있지만, 재건축을 하면 지금의 환경이 많은 부분 훼손될 것이기에 안타까운 마음이다. 나무들은 다 잘리고 인공적인 조경이 설계되어 지금보다는 아파트 안에 나무가 적어지기에 아쉽다. 자연을 보아서는 그대로 살고 싶지만, 아파트가 너무 오래되고 주차난도 심각하여 재건축이 필요하다. 최대한 자연을 잘 살리어 숲세권 환경이 되었으면 하는 바람이다. 자연이 주는 상쾌한 공기, 묵직한 나무와 흙냄새, 팔랑거리는 잎들, 색색깔 빛나는 꽃과 열매들, 환경이 가져다주는 행복, 즐거움과 고마움을 알기에 그 마음이 더 간절하다.

나 지금 죽고 싶은 그곳에서

살다 보면 누구나 여러 집을 경험한다. 물론 한 집에서 몇 세대를 잇는 경우도 있지만 흔하지는 않다. 첫 집은 선택의 여지가 없다. 엄마 뱃속이다. 태낭, 아기집이라 한다. 아기집은 태아를 열 달 동안 보호하고 자랄 수 있게 하는 공간이다. 숭고한 집이다. 첫 집을 선택할 수 없듯이 지상에서 마지막 집 또한 의지와 상관없이 주어지는 경우가 대부분이다. 하지만 누구나 바란다. 자신이 먹고 자고 쉬었던 일상의 집이 지상의 마지막 방, 마지막 집이기를.

어느 가을 아침, 엄마는 일어나지 못하셨다. 응급상황이었고, 119 응급차를 타고 병원 응급실로 가셨다. 그리고 집으로 돌아오지 못하셨다. 엄마가 돌아가시고 두 달 후 어머님이 떠나셨다. 췌장암 말기 판정을 받은 어머님에게 의사는 의료 차원에서는 고통을 완화하는 아주 기본적인 약물 외에는 손을 쓸 단계를 지났으니 환자와 환자 가족이 하고 싶은 것을 하라는 처방을 내렸다. 어머님은 고통스러워하면서도 임종 병원에 가고 싶어 하지 않으셨고, 가족들은 어머님의 의견을 존중했다. 어머님은 암 판정 이후 5개월이 지난 어느 날, 딸 집에서 고요히 잠드셨다.

30여 년 전에 돌아가신 시할아버지 또한 집, 당신께서 거처하던 방에서 임종하셨다. 수십 번의 사계를 보낸 시할아버지의 생의 방에는 당신의 빈소가 차려졌고, 곡식을 말리던 마당에는 조문객을 맞을 멍석이 펼쳐졌다. 마당 가장자리에는 육개장이 가마솥 가득 허연 수증기를 뿜으며 끓었다. 시할아버지의 생을 품었던 집은, 산 자와 죽은 자가 공존하는 시끌벅적한 집이 되었다. 슬픔 가운데 잔치였다. 시할아버지의 장례가 치러지는 동안 집은 보내는 이의 곡소리와 삶의 소리를 품었다.

시할아버지처럼 집에서 임종하고 장례를 치르는 것은 당시 지역과 시가의 문화도 크게 작용했을 것이다. 하지만 시할아버지에서 조금만 더 거슬러 올라가면 죽음은 삶 가운데 있었다. 그렇기에 죽음의 공간과 삶의 공간이 다르지 않았고, 집이 임종 공간이 되는 것이 그리 특별함이 아니었다. 지금처럼 임종 장소를 따로 생각하거나, 고민하고 선택해야 할 문제가 아니었다. 그저 생이 흐르듯 자연스러웠다.

엄마가 응급실로 가신 날이 생의 소풍을 마치는 날이라는 걸 알았다면 굳이 병원에 모셨을까. 집은 노동으로 고단했던 몸을 누이며 쉴 수 있는 일상의 공간이자 가장 특별한 공간이다. 가장 익숙하고, 가장 평범하고, 나를 가장 많이 담은 곳. 누군가에게는 "벽에 가만히 등을 기대고 앉으면 두툼한 시간의 더께가 내 등을 든든히 받쳐주는"(공선옥, 한겨레, 2021 _『춥고 더운 우리 집』에서) 곳이 집이다. 엄마한테도 잔두리 집이 그랬을 것이다. 따뜻한 햇살이 들고, 때로는 겨울 웃풍에 코끝이 시렸던 곳. 호락호락하지 않았던 삶이 이어지기도 스러지기도 했던 곳. 엄마의 시간의 더께가 층층이 겹겹으로 쌓인 곳. 엄마도 당신의 희로애락이 담긴 그곳, 70년을 넘게 살아온 잔두리 집에서 잠들고 싶지 않았을까.

엄마가 떠난 그 가을, J가 떠났다. 그의 생에서 가장
오랜 시간을 보낸 공간에서. J가 떠난 그곳에서 생의 시간
을 쌓는다.

——— 누구나 마주할 생의 마지막 어느 하루,

——— 지상에서의 마지막 집이

——— 진정 살고 싶은 자리이기를.

——— 그 자리에서 오늘을 산다.

——— 죽음이 있어 생이 아름답듯,

——— 나 지금 죽고 싶은 그곳이 있어

——— 살고 싶은 생이 있지 않을까.

——— 그의 진한 삶이 배인 그곳에서 나는 묻는다.

"나 지금 죽고 싶은 그곳에서
살고 싶은 생을 살고 있는가."

박노해, 느린걸음, 2022 _『내 작은 방』에서

슬프면 때로 슬피 울라고
그러면 민들레 풀씨처럼 가벼워진다고

– 류시화 '민들레'에서

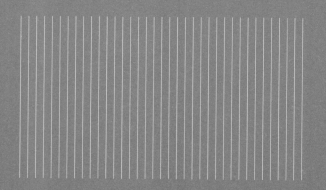

5장
서러우면 서러운 대로

호피 무늬 쫄바지를 입은
사춘기 소녀

중학생 1학년이었던, 우리 식구가 단칸방에 살 때의 이야기다. 당시 내가 살던 집은 2층 건물이었다. 1층에는 주인이 살았고, 왼쪽으로 공용 화장실과 2층으로 올라가는 계단이 있었다. 계단을 따라 올라가면 작은 수돗가가 있었다. 우리 가족은 거기에서 설거지와 빨래 그리고 가벼운 세수를 했다. 또 몇 계단 더 올라가면 옥상이었는데 항상 빨래가 널려 있었다. 수돗가를 기준으로 왼쪽에는 외할머니가 오른쪽에는 우리가 살았다. 그렇다. 2층에 외할머니 집과 우리 집이 있었다.

이렇게 할머니 집과 붙어 있으니 매일 삼촌을 봤고, 시집간 이모들도 주말이나 방학만 되면 찾아와서 우리 집도 덩달아 북적였다. 그렇게 한 번씩 모일 때마다 자연스레 어른들은 할머니 집으로, 아이들은 우리 집으로 향했다. 그로 인해 동생들을 보는 건 언제나 내 몫이었다. 엄마도, 나도 장녀이고, 내가 맏손녀였기에. 오빠나 언니가 내겐 없었다. 그런 상황에서 동생들을 돌보는 건 내게 퍽 즐거운 일이었다. 공원이나 놀이터에 동생들을 데리고 다닐 때마다 이모들이 칭찬을 해줘서 뿌듯했으니까. 그래서 나는 동생들을 더 잘 보살펴주었다.

그러던 어느 날부터인가 외갓집 식구가 불편해지기 시작했다. 나는 보통 학교에서 돌아오면 옷을 갈아입은 후 TV를 보거나 숙제를 했다. 이때 일을 마친 삼촌이 곧장 우리 집에 오면 마냥 좋았다. 아무도 없는 집에 혼자 있기에 쓸쓸했으므로. 하지만 TV로 인해 크게 부딪힌 일이 있었다. 다름 아니라 모처럼 마음먹고 EBS 교육 방송을 틀어놓고 공부하고 있는데 삼촌이 막무가내로 본인이 보고 싶은 채널로 돌려버린 것이다. 그 순간 삼촌이 꼴도 보기 싫을 만큼 얄미웠다. 또 삼촌의 행동이 도무지 이해되지 않았고, 이해하기도 싫었다. '왜 할머니 집에 가지 않고 우리 집에 와서 나를 속상하게 만드는 거지?', '왜 본인 마음

대로 TV 채널을 돌리는 거지?'라는 생각이 든 것이다. 나는 처음으로 삼촌에게 대들었고, 삼촌은 그런 나에게 불같이 화를 냈다. 삼촌을 이길 수 없었던 나는 결국 울면서 집을 뛰쳐나왔다. 지금껏 나는 사춘기를 겪을 겨를도 없었다고 생각했는데, 당시를 회상하고 보니 그 시절이 나의 사춘기가 아니었나 싶다.

또 하루는 아무도 없는 집에 이모 식구가 놀러 왔다. 나는 중학생 1학년이었고, 사촌 동생들은 유치원생이었다. 사실 우리 집에는 어린아이들이 가지고 놀 만한 장난감이 없었다. 아니, 그럴 형편도 아니었다. 그렇다 보니 아이들의 호기심을 자극하는 건 내 책상 서랍이었을 것이다. 내가 없는 사이 내 책상을 뒤적이던 동생들은 잊지 못할 사건의 발단이 된 포스터물감을 발견하고, 신나게 가지고 놀았던 듯하다. 학교에서 돌아와 보니 붓에는 물감이 흥건했고, 노란색 물감에는 빨간색 물감이 선명하게 섞여 있었다. 그 광경에 화가 치밀어 오른 나는 바로 물감을 빼앗아 정리했다. 그랬더니 사촌 동생이 그만 울음을 터뜨렸다. 아니나 다를까. 할머니 집에 있던 이모가 사촌 동생의 울음소리를 듣고 달려왔다. 그러고는 전후 사정도 물어보지 않고 다짜고짜 나를 혼냈다. "동생이 가지고 놀 수도 있지, 그걸 왜 뺏고 그래?"라고 말이다. 그 물감은 내게 의미 있는 물건이었다. 상황은 이랬다. 중학교에 올라가니 몇몇 친구가 미술 시간에 전문가용 포스터물감을 꺼내놓았다. 시간이 지날수록 캐릭터 물감보다 전문가용 물감을 쓰는 사람이 늘어났다. 그때마다 새 물감을 샀다고 자랑하는 아이들이 부러웠다. 어느 순간 나는 물감을 꺼낼 때 주변 시선이 신경 쓰이기 시작했고, 캐릭터가 그려진 물감을 가방에서 꺼내어 책상 위에 올려놓을 땐 부끄럽기까지 했다. 그래서 추석에 받은 용돈으로 큰마음 먹고 물감을 구매했다. 그런 물감을 사촌 동생들이 엉망으로 만들어 놓은 것이다. 더군다나 몇 번 쓰지도 않은 거라 어린 마음에 얼마나 서러웠는지 모른다. 더 큰 상처는 그런 내 마음을 아무도 알아주지 않았다는 거다.

그 길로 나는 밖으로 나와 정처 없이 걸었다. 내 발길이 닿은 곳은 하필 부산의 번화가인 남포동이었다. 내 옆을 지나가는 사람들 표정은 하나같이 해맑아 보였다. 그래서인지 나만 불행한 것 같았다. 게다가 급하게 나오느라 옷도 제대로 챙겨 입지 못한 내 모습이 너무도 초라하게 느껴졌다. 그때 내가 입고 있었던 호피 무늬 쫄바지는 아직도 선명하게 기억난다. 마치 런웨이의 모델 사이에서 시골 할머니들이 입는 파자마를 입고 서 있는 듯했다. 촌뜨기도 그런 촌뜨기가 없었다.

그때부터일까? 내가 가진 것에 대해 감사함보다 내가 가지지 못한 데에 대한 부러운 마음만 쌓여갔다. 아무래도 내가 생각하는 이상으로 그날의 상처가 꽤 깊었나 보다. 그리고 그 상처는 고스란히 내 마음속 깊숙이 자리를 잡았다.

이런 내 모습을 나는 제 3자를 통해 보게 되었다. 나는 오랫동안 독서 모임을 진행해 오고 있는데, 세상에는 크게 두 유형의 사람이 있음을 알게 된 순간이 있었다. 첫 번째 유형은 자신의 강점이나 장점을 살려 이야기하고, 본인의 상황을 긍정적으로 바라본다. 두 번째 유형은 자신의 단점이나 약점을 주로 이야기하고, 그들이 마주한 상황을 부정적으로 바라본다. 순간 아차 싶었다. 지금까지 나는 나의 단점이나 약점에 집중하고, 내가 처한 상황을 부정적으로 바라보고 해석했기 때문이다. 그리고 그것은 나의 말 습관이기도 했다. 대부분의 사람은 내가 전달하는 언어를 통해 나를 판단한다고 하는데, 결국, 나는 스스로 상대에게 나의 부정적인 인상만 심어준 셈이었다. 심지어 그런 나를 당연시하며 자신감 없는 삶을 살아왔다.

중요한 건 이런 현실 점검 이후의 행동이다. 이건 누가 대신 해줄 수 있는 것도 아니다. 다른 사람이 위로해주고, 격려해 주더라도 잠시뿐이니까. 이러한 이유로 나는 내 마음을 아무도 알아주지 않는다며 외로워했던 중학생 1학년이었던 나에게 다가가 꼭 안아주며 이렇게 말해주고 싶다.

"네 안에는 다이아몬드처럼 반짝반짝 빛나는 수많은

장점과 강점이 있어. 너 자체로 이미 충분히 소중하고, 가치 있는 존재니까 캐릭터 물감을 써도, 호피 무늬 쫄바지를 입어도 괜찮아. 또 지금은 아무도 너의 마음을 몰라주는 것 같지만 나중에 너의 주변엔 보석 같은 너의 가치를 알아주는 사람으로 가득할 거야."라고.

이를 계기로 더는 촌스럽게 타인의 인정에 목말라하지 않고, 내가 나를 인정해 주려 한다. 이렇게 고백하고 나니 "스스로 인정할 수 있을 때 타인도 나를 인정한다."라는 말의 의미를 조금 알 것 같다.

월세, 전세, 자가를 지나
주인이 되다

부모님의 서울살이는 생각보다 쉽지 않았다. 오랜 시간 월세, 전세살이가 이어졌다. 그게 월세인지, 전세인지 나는 잘 모른다. 다만 우리 집이 아니라는 사실은 어린 나도 충분히 알 수 있었다. 주인 세대는 가운데 넓은 거실을 차지하고 있었고, 우리 집은 구석 단칸방이었으니 모를 수가 없었다. 보통 한 집에 두세 집이 세를 살았으니 그야말로 한 지붕 세 가족, 주인과 셋방의 공존이 이어졌다.

내가 태어난 집은 거의 기억나지 않는다. 그 집 앞을 자주 지나다니기는 했지만, 기억하기에는 너무 어린 나이에 이사했다. 내가 기억하는 첫 집은 산 아래에 있었다. 봄이면 개나리가 만발하는 집이라 사람들이 '개나리 집'이라 불렀다. 우리 집은 주인 세대 뒤편에 있었는데 문을 열면 바로 산과 마주했다. 장대비가 내리면 산에 있던 빨간 흙이 집 앞으로 쏟아져 내리곤 했다. 아버지는 산사태가 났다고 하셨다. 그만큼 동네에서 산과 가장 가까운 집이 우리 집이었다. 담벼락에 오르면 온 마을이 훤하게 내려다보였다. 그래서 담에 올라 아버지를 기다리곤 했다.

주인 할아버지는 나를 예뻐해 주셨다. 할아버지께는 나보다 한 살 어린 손자가 있어 친구처럼 지냈다. 나름 잘사는 집이었는지 이솝 우화, 전래 동화책이 많았다. 우리 집에서 좀처럼 구경하기 힘들었던 책들이라 주인집 손자가 아주 부러웠던 시절이다. 그때부터 잘 사는 주인과 셋방 사는 우리 집이 보이기 시작했다. 아버지도 시골에 두고 온 집이 있다고 들었지만, 서울에서는 단칸방 셋방살이 신세였다.

내가 국민학교 들어간 후 부모님은 산등성이 집을 벗어나 번듯한 동네로 내려오셨다. 하지만 그렇다고 단칸방에서 탈출할 수는 없었다. 거기서도 한 지붕 세 가족이 살았는데 어떻게 13명이 화장실 하나를 쓸 수 있었는지 지금도 신기하다. 주인은 거실 안에 욕조 겸 화장실이 있음에도 바깥 화장실을 애용했다. 아침이면 화장실 사용으로 전쟁터가 따로 없었다. 지금도 생각하면, 어린 나야 그렇다 쳐도 사춘기 형과 누나들은 얼마나 고역이었을까? 어머니는 시멘트로 만들어진 낮은 부엌에 요강을 가져다 놓으셨다. 오래된 집들은 습해서 그런지 돈벌레가 많아 요강을 이용하려 해도 돈벌레와 싸워야 했다. 특히 사람이 없는 밤이면 부엌에 돈벌레가 많이 기어다녔다. 돈 나간다고 잡지도 않았으니, 화장실은커녕 요강에 볼일 보는 것조차 애로사항이 많았다. 우리 가족만 이용하는 화장실을 갖는 것조차 꿈이었다. 집주인은 부모님보다 젊었다. 시장에서 식당을 하셨는데 꽤 잘 벌었던 모양이다. 학년이 올라가면서 잘사는 것과 못 사는 것에 부러움과 부끄러움이 생겨났다.

중학교에 진학할 때 비로소 방이 두 개 있는 집으로 이사했다. 그러나 역시 우리 집은 아니었다. 그래도 다락방에서 탈출하여 번듯한 방이 생긴 것이 어디인가. 같이 세 들어 사는 옆집 부부가 싸우는 일이 많아 은근히 신경이 쓰였다. 주택가들이 담 하나로 다닥다닥 붙어 있어서 옆집 소리가 다 들렸다. 나는 어두침침하고 습한 그 집이 마음에 들지 않았다.

몇 번의 이사를 거쳐 방 3개짜리 연립주택으로 이사했다. 내 방이 생겼다고 좋아한 것도 잠시, 아버지는 현관 옆방을 고등학생에게 세 놓았다. 집이 멀어 우리 집에 방 하나를 얻어 학교에 다녔는데, 그야말로 정말 잠만 자고 나갔다. 같은 고등학교에 진학하면 선배가 될지도 몰랐지만 내 방을 빼앗긴 것 같아 싫었다.

고등학교 올라갈 때 드디어 학교 앞에 우리 집이 생겼다. 비록 오래된 연립이지만 진짜 우리 집이다. 드디어 세 들어 산다는 자격지심에서 해방된 날이다. 그동안 친구들 집에 놀러 가면 얼마나 주눅 들었는지 모른다. 아파트에 사는 친구들이 제일 부러웠다. 초등학교 생일에 찾아가면 거실과 소파가 있는 집이 그렇게 부러웠다. 침대 있는 친구 방도 부러웠다. 그래서 한 번도 생일 잔치를 한 적이 없었다. 드디어 생일 잔치를 할 수 있게 되었지만 이미 그런 걸 할만한 나이는 지나버렸다. 고등학교 때는 밖에서 친구들과 생일을 즐겼다. 예민한 사춘기 10대에게는 말 못 할 고민 중 하나였다는 것을 이제야 말할 수 있다.

그렇게 나만의 공간이 생겼다. 나 혼자 자고, 몰래 뭔가가 가능했던 곳, 나만의 아지트였다. 그리고 무엇보다 주인이 없는 진짜 우리 집이었다. 학교 바로 앞인데 우리 집이 아니었다면 나의 사춘기가 어떠했을지 상상이 가지 않는다. 부모님은 다른 사람의 보증을 서 주고 대신 갚아 준 일이 많았다. 벌기도 어려웠지만 벌어도 버는 게 아니었으리라. 참 어렵게 마련한 우리 집이었다. 아버지가 부동산에 발을 담그지 않으면 불가능했을 일이다. 아버지는 그때 어머니가 고생한 덕분이라며 정말 수고 많았다고 하셨다. 그 말씀이 지금도 기억난다. 우리 집이라서 이사 갈 이유도 없었으니 마냥 좋았다.

'우리 집'을 갖기 전에는 항상 '주인집'이라는 말이 따라다녀서 싫었다. 그저 집주인인데 마치 정신적 주인 같앉다. 친구처럼 어울려도 주인집 아들에게는 함부로 할수 없는 뭔가가 나를 막아섰다. 만나면 조심해야 했고, 눈밖에 나는 행동을 해서도 안 됐다. 부모님께서 알려주신 것도 아닌데, 본능적으로 알 수 있었다. 나는 주인의 권력 행사를 보지 못했지만, 부모님은 알게 모르게 셋방살이 설움이 많으셨을 것이다. 주인이 없는 집을 가지고 싶다는 욕망은 부모님만의 것이 아니었다.

우리 집이 생긴 후에도 아버지는 다시 한번 모험을 감행하셨다. 도저히 우리 형편으로는 어려울 다세대 주택을 구입하셨다. 3층 주인 세대를 우리가 쓰고 나면 전세와 월세가 4집이나 나왔다. 드디어 우리가 주택의 주인이 되는 순간, 세상을 다 얻은 듯했다. 서울살이 20년 만에 집이 생겼고, 25년 만에 3층짜리 다세대 주택의 주인이 되었으니, 이제는 더 이상 바랄 것도 없어 보였다. 아버지는 말씀하셨다.

"이제 죽어도 여한이 없다. 나 죽으면 세 받아서 엄마가 살면 되겠다."

아버지가 돌아가시고 어머니는 그 집을 잘 가꾸셨다.

전세를 월세로 돌리면 바로 노후 준비가 될 터였다. 하지만 집을 관리한다는 것이 여간 신경 쓰는 일이 아니었다. 세상이 바뀌었다. 예전의 주인이란 권위가 없어졌다. 돈 받고 집 서비스해 주는 일종의 봉사직처럼 변했다. 세입자의 목소리가 커지고, 집 관리가 버거워지자, 어머니는 편하게 살기를 선택하셨다. 그 집을 팔고 혼자 머물 집으로 이사하셨다.

그렇게 월세, 전세로, 자가, 다세대로 이어진 우리 집의 역사는 자식들의 분가와 맞물려 눈치 보지 않고 어머니 혼자 머물 수 있는 공간으로 남았다. 가끔 서울 가면 아무도 없는 어머니 집에 간다. 노인정에 가셔서 얼굴 뵙기도 어렵지만 그래도 이런 공간이 있어 감사하다. 누가 뭐래도 진짜 우리 집이고, 어머니 집이다. 이곳이 있기에 아직도 내가 서울을 고향이라 하고 본가는 서울이라고 자신 있게 말할 수 있다. 서울살이에서 우리 집이란 내가 머무는 집이 아니다. 내 명의로 된 진정한 소유의 집을 말한다. 그래야 비로소 '우리 집'이 완성된다.

가난한 유랑의 노래

       미국에 와서 15년간 참으로 많은 이사를 경험했지만, 주 경계를 넘는 대이동은 두 번이었다. 동부에서 중부로, 다시 중부에서 동부로 열여덟 시간을 차로 움직이는 대장정이었다. 말이 열여덟 시간이지 이리저리 하다 보면 3박 4일은 훌쩍이다. 물론 3박 4일쯤이야 생각하면 별것 아닐 수도 있다. 마차도 아니고 자동차를 끌고 가는 길인데. 밥을 해 먹어야 하는 것도 아니고 길마다 맥도날드며 식당이 줄줄인데. 텐트 치고 불피우고 캠핑하며 가는 것도 아니고 모텔이며 호텔이 곳곳마다 있으니 말이다. 하지만 이 큰 대륙에서 몇 개의 주를 거쳐 삶의 터전을 옮긴다는 건 그렇게 만만한 일이 아니다. 문제의 소지는 여러 가지. 언제든 시시각각 복병이 되어 튀어나올 준비가 되어있었다.

첫 번째 이사는 12년 전, 2012년이었다. 뉴욕에서 시작해서 뉴저지주, 펜실베이니아주, 인디애나주, 오하이오주, 일리노이주까지 자그마치 일곱 개의 주를 거쳐야 목적지인 미주리주에 도착할 수 있었다. 큰아이는 다섯 살, 작은아이는 이제 겨우 한 살이었다. 아직 어린 두 아이를 싣고 가는 장거리 여행이었다. 이 만만치 않은 두 녀석이 과연 얼마나 협조를 해줄지 디데이가 가까워져 올수록 두려움 반 기대 반이었다.

처음 남편의 새로운 직장과 함께 갈 곳이 결정되었을 때는 마냥 설레기만 했다. 새로운 주를 경험할 수 있다는 것도, 영화나 책에서 많이 본 '미국 횡단 여행'을 할 수 있다는 것도 좋았다. 주마다 볼거리를 구경하면서 하루씩 쉬었다 갈까? 곳곳마다 있는 캠핑사이트에 들러서 밥을 해 먹으며 갈까? 철없는 환상에 부풀었다. 소설 '초원의 집'에서 로라네 가족이 백 년도 더 전에 하던 대륙횡단은 진짜 재밌어 보였다. 밤이 되면 천막을 치고 불을 피우고 커피를 끓이고 콘브레드를 해 먹으면서, 강물이 나오면 목욕을 하고 옷을 빨아 다림질까지 해가며, 뭔가 소꿉놀이하듯 아기자기해 보이던데. 비가 내려 물이 불자 마차를 끌고 헤엄쳐서 건너는 등의 재난급 에피소드조차 재밌어 보이기만 했다.

큰 짐들은 미리 싸서 이삿짐에 보내고, 가서 당장 필요한 짐들과 이동에 꼭 필요한 것들만 오래된 밴에 싣는 과정이 시작되었다. 바닥에 깔 매트와 이불, 아이들 장난감과 옷가지, 냄비와 밥솥 등 몇 가지 살림 도구 등을 챙겼는데도 밴은 터질 듯 꽉 찼다. 이불들은 차 꼭대기에 밧줄로 칭칭 묶어 달고 유랑하는 행색을 제대로 갖추었다. 우리에게 가장 중요한 건 아이들이니 두 아이만 놓고 가지 않으면 된다 하면서. 설렘이고 여행이고 사실상 짐을 싸다 나는 이미 지쳐버렸다.

결정적인 복병은 날씨였다. 2011년 7월 미국의 폭염은 상상을 초월했다. 가는 내내 곳곳에서 폭염으로 사람이 죽었다는 뉴스가 흘러나왔다. 끝없이 이어지는 66번 고속도로는 뜨겁게 타올랐다. 계란후라이 정도는 3초면 만들 수 있을 태세였다. 헐값에 넘겨받은 우리의 낡은 밴은 쥣일 틀어제끼는 에어컨을 감당하지 못했다. 아무리 틀어도 시원함이 느껴지지 않았다. 한 살 된 둘째는 카시트에 땀이 흘러내려 내내 칭얼댔다. 첫날에는 펜실베이니아의 아미쉬 마을에 들러 관광을 했지만 그다음부터는 오직 숙소로만 가고 싶었다. 더위로 인해 그 어떤 관광도 하고 싶지 않았고, 하루 다섯 시간 이상 이동하는 것도 힘들었다.

그렇게 시작된 미대륙 횡단 여행은 더위, 아이들의 찡얼댐, 끝없는 맥도날드와 다이너 음식의 느끼함, 제대로 작동하지 않는 에어컨. 짐을 싣고 쇳소리를 나는 오래된 밴. 이런 갖가지 복병으로 인해 고난의 여정이 되어버렸다. 과정을 즐기려던 계획은 물 건너가고 우리는 목표만을 향해, 오직 '미주리주'만을 향해 달리고 달리고 또 달리고 있었다. 이렇게 목표를 위해 줄기차게 달려본 적이 있었던가 싶을 정도였다. 덕분에 나는 많은 것을 알게 되었다. 어린아이들을 데리고 하는 여행의 험난함과 책으로 보는 여행과 현실의 차이점, 미국 음식의 한도 초과 느끼함을. 다시 한번 '초원의 집'에서 아빠와 엄마의 위대함을 가슴 깊이 느끼는 바였다. 그들은 어떻게 마차 하나로 몇 달의 이동을 했을까? 어떻게 그 와중에 잘 다려진 드레스에 풍성한 레이스가 달린 모자까지 쓰고 다녔을까. 잘 곳도, 먹을 것도 정해지지 않은 상태로 다니는 여정을 견딜 수 있었을까? 그러나 무엇보다 로라네 가족에게 가장 힘든 점은 아마도 '도착해도 갈 곳이 정해져 있지 않다'라는 마음이었을 것이다. 목적지에 도착하면 그때부터 다시 천막 치고, 통나무집을 만들기 시작해야 한다는 사실. 차마 상상조차 할 수 없었다.

2012년 폭염과 함께 한 횡단 여행에서 가장 감사했던 한 가지는 우리에게 '갈 곳'이 있다는 것, 목적지가 있다는 것이었다. 아무리 멀고 아무리 잠자리가 불편하고 아무리 땀으로 찌든 여행일지라도 도착할 곳이 있다는 것은 행복한 일이었다. 끝이 있다는 것. 종착지가 있다는 것. 도착만 하면, 비록 텅 빈 공간이지만 사방이 막힌 벽과 에어컨이 빵빵한 작은 집이 있다는 것. 맘껏 한국 음식을 해먹을 수 있고, 이불만 깔면 제법 포근해질 방과 거실이 있다는 것. 그리하여 모든 것을 뒤로 하고 우리는 달려갔다. 주마다 볼거리, 먹을거리, 관광도, 횡단 여행의 꿈도, 환상도 다 접어두고 오직 앞만 보고 달렸다. 미주리 세인트루이스의 집은 친구에게 부탁해 계약한 것으로 단 한 번 본 적도 없지만 그런 건 중요하지 않았다. 어딘가에 '나의 집'이 있다는 것으로 족하고도 넘쳤다. 비록 자가도 아니고, 전세도 아니고, 매달 월세를 내지 않으면 쫓겨날 방 두 칸짜리 작은 아파트였지만 그런 건 하나도 중요하지 않았다. 이 거대한 북아메리카 대륙. 그것도 한 가운데 산으로 겹겹이 둘러싸인 미주리주. 그 가운데 오래된 고전적인 도시 세인트루이스. 그 어느 즈음에 있을 '본홈 빌리지' 아파트. 나무로 된 미국식 아파트 1층의, 방 두 개짜리 작은 집. 이 미국 땅에 점보다도 작은 어느 지점. 우리 가족 네 몸뚱이 누일 곳이 있다는 것으로 충분히 행복하고 감사가 저절로 흘러넘쳤다.

　7월의 어느 날. 이제 겨우 한낮의 작열하는 해가 살짝 내려가고 노을이 막 지기 시작하던 오후. 드디어 목적지에 도착한 우리는 허둥지둥 경비실에 가서 열쇠를 넘겨받았다. 몸도 마음도 지쳐있었다. 열쇠로 따고 들어간 텅 빈 집. 빈 공간이 주는 여백의 미에 환호성을 질렀다. 작고 꽉 찬 차 속에 질려 있던 터였다. 바리바리 싣고 온 매트와 이불을 깔고 냄비를 갖고 와 쌀을 안치고 '내 집'이 주는 안정감을 맘껏 누렸다. 쌓인 빨랫감을 세탁기에 던져 넣으며 나는 그보다 더 행복할 수 없었다.

이후 그 집에서 2년을 살았다. 살아보니 장점도 있고 단점도 있었다. 겨울에 미친 듯이 춥다는 건 유독 치명적인 단점이었다. 찬바람이 무섭게 불어제껴 전기담요를 켜놓고 아이들과 이불 속을 파고들었다. 그 집에 살 때 아이들은 '동장군'이 실제로 존재한다고 철석같이 믿었다. 눈보라가 몰아치는 미주리주의 겨울, 땅보다 아래 지대에 있던 1층 아파트는 살을 에는 추위였다. 하지만 그 집이 준 기쁨 또한 추위 못지않았다. 아이들이 가장 예쁘고도 힘든 시기였다. 나는 그 집을 참으로 아프게 사랑했다. 미 대륙 횡단의 끝에서 만난 소중한 집. 그래서 추위도 더위도 이길 수 있었다. 내게 갈 곳이 있다는 그 마음을 준 것 하나만으로도. 내게 가난한 유랑의 노래는 바로 미국 한가운데 미주리주, 작고 아픈 세인트루이스의 아파트였다.

괜찮아, 그럴 수 있어

시험 보는 일주일 동안 머리를 감지 않으면 공부한 내용을 잊어버리지 않게 된다는 소문이 학교에 퍼졌다. 책을 베개 삼아 잠을 자면서 공부 내용이 머리에 들어올 거라고 말하는 아이들도 있었다. 공부하기 싫은 아이들이 만들어낸 기상천외한 방법들이 입에 오르내렸지만, 이 괴상한 짓을 실제로 실천하는 사람이 있을까? 그런 사람이 있었다. 바로 나였다. 일주일 동안 머리를 감지 않았다. 시험을 잘 볼 수 있다면 어떤 끄나풀이라도 붙잡고 싶었다. 나의 장점 중 하나가 결심한 것을 대체로 잘 지키려 하는 점인데 하필 이런 다짐을 하다니….

머리를 감지 않은 채 이른 아침부터 독서실로 향했다. 머리가 근질근질해도 어제 공부한 내용이 머릿속에 남지 않았을지 모른다는 불안은 머리라도 감지 말라고 속삭였다. 최소한 이런 노력이라도 해야 집중 못 한 공부

내용을 만회할 것 같았다. 아무도 오지 않은 이른 시간에 독서실에 앉아 교과서와 씨름하지만, 글씨가 둥둥 떠다닌다. 화학 교과서는 분명 한글로 적혀있는데 마치 낯선 외국어가 적혀있는 듯 이해가 되지 않는다. 몇 번 읽다가 깜빡 졸았나 보다. 눈을 떠 보니 두 시간이 넘게 지나있다. 자칭 독서실 죽순이지만 성적이 오르지 않는 건 이유가 있다. 시험을 앞둘 때마다 불안이 강렬했고 책상을 벗어나 있으면 초조했다. 일단은 책상 앞에 앉아 있기라도 해야 시끄럽게 떠드는 마음의 소음을 조금이라도 가라앉게 할 수 있었다. 이런 공부법이니 효율적일 수 없었다.

그럼에도 꿋꿋하게 버티어 수학 능력 시험을 치르고 대학생이 되었다. 조금은 아쉬웠지만 공부에 대한 마음은 일단 접었다. 애쓰는 공부와 작별하고 책과 노트는 당분간 멀리하고 이 시간을 즐기자는 마음뿐이었다. 그동안 못 해본 거 다 해보고 싶었다. 그중 하나가 미팅이었다. 고등학교 시절 무릎 늘어진 운동복 바지를 입고 지저분한 머리로 독서실을 다니던 아이가 대학생이 되더니 화장하고 치마를 입고 롱부츠를 신었다. 부모님과 친구들의 첫 반응은 누가? 네가? 하며 신기해했다. 당시 입체 화장이 유행이었는데 립라이너를 내 입보다 크게 그리고 짙은 립스틱을 발랐다. 눈에는 다소 어두운 갈색 톤 또는 하늘빛, 초록빛 아이섀도를 칠했는데 마치 멍든 눈 같아 보이기도 했다. 이제 곧 스무 살이 되는데 거울 속의 나는 20대 중반도 더 되어 보였다. 최근에 인터넷에 입체 화장을 한 20대 김희선 과 요즘 화장을 한 모습을 비교한 사진을 보고 나도 놀랐다. 20대보다 40대가 더 예뻐 보였기 때문이다. 물론 김희선은 예전이나 지금이나 아름다운 얼굴이지만 입체 화장은 예쁜 사람도 나이 들어 보이고 덜 예뻐 보이게 하는 과한 화장이었다.

엄마는 매번 외출하는 나를 볼 때마다 하고 싶은 말을 꾹 잘 참아 내시더니 어느 날 "넌 화장 안 한 게 더 예뻐, 화장 진하게 하면 나이 들어 보여."라는 속의 말씀을 하셨다. 그럼에도 꿋꿋이 화장을 고수했다. 지금 생각해 보면 우습지만 그 나이엔 그럴 수 있는 일이었다. 덕분에 미팅할 때마다 "1학년 맞으세요?"라는 질문을 듣곤 했지만 말이다. 소원대로 수없이 많은 미팅을 경험했지만, 그저 횟수를 늘리기 위한 놀이지 특별한 재미는 없었다.

그러다 소위 강남파 아이들과 함께 미팅하게 되었다. 만나는 장소는 우리 집에서 먼 강남역의 타워 레코드점 앞이었다. 조금 이르게 도착해 수많은 인파를 뚫고 노란색 간판 앞으로 향했다. 약속 장소에서 자연스럽게 지나다니는 사람들을 관찰하게 되었다. 그런데 나와 비슷한 또래의 아이들 복장이 나와 사뭇 다른 게 유난히 눈에 띄었다. 치마에, 부츠에 입체 화장을 한 내 모습은 지나다니는 이들과 딴 세상 사람처럼 느껴졌다. 대부분이 통 큰 바지에 큰 티셔츠를 입고 같은 브랜드의 워커를 신었다. 교복을 입은 것 같다는 생각이 들 정도로 비슷한 패션인데 괜스레 그들과 다른 내가 촌스럽게 느껴졌다. 그 시절엔 강남패션 강북 패션을 비교하는 내용이 잡지와 신문에 실렸던 때다. 또래 친구들끼리도 강남과 강북을 비교했고 대놓고 강남은 추켜세우고 강북을 비하했다. 나 또한 남들과 나를 지나치게 비교하며 자신을 초라하게 만들곤 했는데 강남역 타워레코드 한복판 앞에 서서 더욱더 자신을 볼품없게 바라보고 있었다.

더 이상 이곳에 머물고 싶지 않다는 기분이 들었지만, 친구들이 도착해 장소로 향했다. 미팅하는 내내 너무 지루했다. 게다가 그날따라 어색한 시간이 얼마나 오래가던지… 그 시간을 깰 수 있었던 건 각자 자신의 출신 고등학교를 이야기 하면서부터였다. 다들 비슷한 동네에 살고 있었다. 모두 강남역과 가까운 동네였고 그것이 연결고리가 되어 주고받는 대화를 시작했다. 하지만 할 이야기가 없던 난 어색하고 민망했다. 그때 누군가가 나에게 "어디 고등학교 졸업했어요?"라고 물었다. 갑자기 모두의 시선이 나를 향한 듯했고 기어가는 목소리로 "○○학교요." "거기 어디에 있는 학교예요?", "망우리에 있어요.", "망우리요?", "거기 공동묘지 있는데 아니에요?"라며 웃는데 얼굴이 화끈해졌다.

그 이후론 그곳에서 어떤 시간이 흘렀는지 기억도

잘 나지 않는다. 다행히도 2차 이야기가 나와 일이 있다는 핑계를 대고 자리를 나왔다. 수많은 인파 속에서 낯선 서울을 느끼며 전철역으로 향했다. 2호선을 타고 수많은 역을 지나 7호선을 갈아타서야 도착할 수 있는 집.

같은 서울이지만 강남의 서울과 내가 사는 서울은 다른 세상이었다. 집으로 걸어가는 발걸음에 괜스레 서러움의 무게가 더해져 내디딜 때마다 눈물까지 찔끔 나온다. '지네들은 부모 잘 만나서 강남 사는 거지? 너희가 뭐 특별하니?'라는 마음속의 말을 내뱉고 있는 나를 알아채니 또 초라하게 느껴졌다.

세상의 잣대로 비교하느라 꽃처럼 예쁜 스무 살의 나를 많이 괴롭혔다. 마흔의 고개를 넘고 나서 돌아보니 그때의 나를 아껴주고 사랑해 주지 못한 게 미안하다. 많이 늦었지만, 어린 시절의 나를 만나 따스하게 말해 주고 싶다.

"괜찮아, 그럴 수 있어. 괜찮아……."

어쩌면 지금의 나도 이 말을 듣고 싶었던 것 같다. 여전히 사람들이 정해 놓은 기준에 못 미칠까 봐 아등바등 하루를 보내고 있는 것을 보면 말이다. 아마도 나는 평생 이 서러움에서 벗어나지 못할지도 모르겠다. 그러나 다행히도 이젠 그런 나를 그냥 바라보아준다.

———— 서러우면 서러운 대로…….
———— 있는 그대로의 나를 안아준다.

촌놈이 세상살이에 익숙해지고 있다.

그때 그곳, 북아현동

지난겨울, 오랜만에 찾은 인사동과 종로3가 일대는 낯설었다. 주변에 새로운 길과 건물이 들어섰고, 후미진 골목길들이 사라진 곳엔 세련되고 볼거리 가득한 편집샵들이 자리 잡고 있었다. 핸드폰의 지도 앱을 열어 겨우 옛 기억을 퍼즐 조각처럼 하나씩 맞춰가며 한참을 걸었다. 종로 3가, 우리나라 최초 영화관이었던 단성사와 세운상가 근처에 나의 첫 직장이 자리 잡고 있었다. 덕분에 출근길에 주말 영화를 점찍어 두고 퇴근길엔 종로서점을 방앗간처럼 들락거렸다. 벚꽃 시즌엔 조금 더 멀리 인사동 골목 안까지 나가 점심을 먹고 돌아오곤 했다. 근처 탑골 공원과 피맛골 골목 안 풍경은 내가 상상하던 서울과는 조금 낯선 모습이었다.

1998년, IMF 외환 위기가 우리나라를 덮쳤을 때 나는 대학 졸업반이었다. 첫 직장 생활을 위해 과감히 서울살이를 택했다. 거처할 집도, 얻어놓은 방도 없었지만 그때 나를 받아줄 회사만 있다면 어디든 달려갈 각오가 되어있었다. 부모님의 허락보다 회사의 합격 소식이 빨랐고 그렇게 대책 없이 서울살이가 시작되었다. 다행히 직장과 가까운 곳에 외삼촌이 살고 있었다. 여행용 트렁크 하나 끌고 올라가 바로 삼촌의 전셋집에 얹혀살게 되었다. 비록 5층 빌라의 반지하였지만, 방 2개와 거실, 화장실까지 갖춘 신축 건물은 내가 지내기엔 부족함이 없었다. 주중엔 삼촌도 회사 생활로 바빴고 주말이나 되어야 우리는 함께 늦은 아침을 먹었다. 삼촌은 든든한 울타리였지만 결코 나의 서울살이에 대해 깊이 간섭하는 법이 없었다. 대청소라도 할 요량이면 금쪽같은 시간 나가 놀라며 등 떠밀었고 가끔 용돈을 쥐여주기도 했다. 삼촌 성화에 집을 나서도 주말엔 딱히 갈 곳이 없었던 나는 집을 나와 긴 골목을 어슬렁거리며 동네를 찬찬히 구경했다. 낮에 보는 동네는 밤에 보는 그곳과는 또 달랐다. 더 낮고, 무질서하게 색이 바랜 건물들이 지하철 입구까지 길게 늘어서 있었다. 주중엔 광화문 건물들을 지나 출퇴근했지만 주말엔

대로변 안쪽 깊숙이 자리 잡은 북아현동 낡은 골목 사이에서 방황했다.

친구와 한강 고수부지에서 만났던 날, 돗자리를 펴고 맞은편 빌딩 숲에서 불어오는 밤바람을 맞으며 우리는 조금 슬펐다. 저렇게 아름답게 빛나는 것들에서 우리는 왜 이토록 멀리 있을까? 친구도 나도 서울 생활에 조금씩 힘이 빠지고 있었다. 우린 가끔 만나 맥주 한 캔으로 타지에서의 삶을 서로 위로해 주는 고마운 사이였다. 집으로 돌아오는 길, 어둡고 축축한 밤공기가 카펫처럼 깔렸다. 고급 엔틱샵과 유명 가구점들이 즐비해 있던 아현동 가구거리는 이미 어둠에 덮여 있었다. 조금만 더 나아가면 웨딩거리였지만 역시나 모든 상점은 닫혀 있었고 주위는 더 어두웠다. 유리창 넘어 나란히 걸린 하얀 웨딩드레스와 남색 벨벳 턱시도가 까만 하늘의 별빛처럼 촘촘히 빛나고 있었다. 커플 복 사이에 어색하게 서 있는 내 모습과 마주쳤을 땐 차라리 눈을 질끈 감고 내 작은 방으로 순간 이동하기를 간절히 바랐다.

2014년 북아현동 굴레방 다리가 철거되었다는 소식

을 들었다. 원주민이 아니어도, 한때 내 기억 속에 머물러 있던 곳들이 사라졌다는 사실이 아쉬웠다. 첫 직장과 낯선 타지에서 부대끼며 보냈던 가장 젊은 나날들이 그곳에 여전히 쌓여 있었기에.

삼촌의 전세 만기가 끝날 때쯤, 나의 거취도 희미해졌다. 삼촌은 새 직장으로 이직하게 되면서 멀리 이사해야 하는 상황이었다. 결국 나는 고모네로 향했다. 삼촌의 북아현동은 방이었는데 고모네 집은 연신내 주택가에 자리 잡은 2층짜리 단독 석조 주택이었다. 나에게도 서울 사는 부자 고모가 있는 줄 몰랐다. 명절에 한두 번 보는 고모와 엄마 사이는 그리 다정해 보이지 않았지만, 엄마는 '나' 때문에 어려운 부탁을 했고 다행히 고모네에서 회사 생활을 계속할 수 있었다. 하지만 그 시간도 오래가지 못했다. 사촌 조카가 전학을 오게 되면서 방은 부족했고 나는 결국 고모 집이 아닌 고모네 가게 이층 방으로 자리를 옮겨야 했다. 늦은 밤 대로변 길가에서 들리는 소음과 고성, 낯선 그림자들이 무서워지는 날들이 많았다. 끝내 그 방에서 적응하지 못한 채 모든 시간이 바스러지는 기분으로 하루를 버텨내고 있었다.

어느 늦은 밤, 엄마가 잠들지 않은 나에게 전화했다.

"은영아, 힘들면 엄마한테 와도 돼."

뒤도 돌아보지 않고 짐을 쌌다. 그렇게 나의 첫 서울
살이는 마무리되었다. 서툴고 낯설고 때론 외롭고 두려웠
던 몇 년이었다. 돌아가라고 해도 다시 멈칫할 것 같은 시
간. 하지만 그 또한 나의 청춘이었고 나의 삶이었다. 나의
'집'이었다고, 나만의 '방'이었다고 할 수 없었지만, 내 고
단한 한 몸을 눕힐 수 있는 고마운 공간이었다. 아이러니
하지만 가끔은 그 시간이 몹시 그립다. 지나간 것은 지나
간 대로 그런 의미가 있기 때문이다. 그럴 때면 이 노래를
흥얼거린다.

'지나간 것은 지나간 대로~ 그런 의미가 있죠~

떠난 이에게 노래하세요.

후회 없이 사랑했노라 말해요~~'

*노래 <걱정말아요 그대 _ 전인권>

당신과 함께 다시 외친다.
'좋아, 기쁨에 모험을 걸자.'
새로운 세상의 살을 에는 바람 속에서.

– 루이스 그릭 '눈풀꽃'에

요동치는 걸음

어두컴컴한 계단을 오르면 붉은 등이 켜진다. 이제 아파트 입구 문을 열고 5층까지 재빨리 올라가야 한다. 아래층에서 올라오는 발소리가 들리면 심장 진동이 증폭된다. 두 계단씩 오르며 전속력으로 집 앞에 도착하자 바로 열쇠로 문을 따고 들어간다. 미리 열쇠를 손에 쥐고 준비해야 하는 건 기본이다. 그제야 문을 쾅 닫고 단단히 문단속을 한 뒤, 뛰는 가슴을 조심스레 가라앉힌다.

엘리베이터가 없는 6층짜리 수원의 아파트는 내가 초등학교 1학년 때부터 고등학교 3학년 때까지 살던 추억이 깃든 집이다. 이 집을 떠나기까지 참 오랜 시간이 걸렸다. 고3 중반쯤 새로 분양받은 아파트로 이사한 후에는 학교가 더 멀어졌지만, 엘리베이터가 있는 깨끗한 주거 환경이 좋았다. 그러나 이번에는 12층까지 올라가는 길이 길게 느껴졌다. 엘리베이터를 타기 전에 누가 있나 항상 주위를 살폈고, 그곳에서 내리면 빛의 속도로 대문 열쇠의 번호를 눌렀다. 이번엔 누르는 키이기에 손가락을 최대한 빨리 움직이는 노련미가 필요했다. 20대 중반, 우리 집은 또 한 번 이사했다. 이번엔 빌라로 가게 되었다. 3층까지 올라가는 것은 가뿐했지만 빌라촌이라 어둑한 밤이면 가로등만 켜진 한적한 골목길을 걸어가는 것은 힘든 일이었다. 누가 나를 따라와서 덮칠까 봐 뒤를 자주 확인하며 빠른 걸음을 걷거나 숨이 차도록 골목길을 달렸다. 사는 곳은 달라졌지만, 집에 돌아가는 길은 항상 두려움과 공포로 심장이 요동친다.

수원 아파트에 살던 초등학교 3학년 때쯤, 아파트 입구에서 엄마를 기다리고 있는데 오토바이를 탄 중국집 배달원이 가던 길을 갑자기 멈추고 섰다. 오토바이에서 내려 살짝 웃음 띤 얼굴로 나를 보았다. 그 남자의 눈매는 시베리아 칼바람이었다. 나를 똑바로 바라보며 저벅저벅 다가왔다. 순간 너무 놀라 5층 계단을 단숨에 뛰어 올라갔다. 입술은 파래지고 심장은 쿵쾅댄다. 문을 꽉 닫고 몇 번이나 확인했다.

　"누가 나 따라왔어!" 숨은 차고 말이 잘 나오지 않았다. 베란다 창문으로 아빠를 데려가서 그곳을 가리켰다. 아무도 없었다. "오토바이 있었는데. 그 아저씨가 갑자기 내리더니 막 다가오려고 했어."

　직접 그 장면을 보지 못한 가족들은 내가 집에 잘 돌아왔다는 것에는 안심하였지만, 따스한 말로 나의 뛰는 심장을 포용해 주지는 못했다. 그 뒤로 아파트 입구로 들어오는 길에 오토바이가 서 있으면 한참을 기다려 오토바이 주인이 가고 난 후에 올라갔다. 이 트라우마는 쉽사리 없어지지 않았다. 중학교 때부터는 가위에도 잘 눌렸다. 가위에 눌리면 사람 같은 검은 형체가 보이면서 유체 이탈의 느낌이 시작된다. 몸을 일으켜 세우려고 해도 내 뜻대로 되지 않아 사투를 벌인다. 일어났다고 생각했는데 몸은 다시 원상태이다. 수십 번 힘주어 몸을 일으켜보지만 안간힘을 써도 잘 깨지 않는 의식으로 식은땀이 흐르고, 소리 없는 비명을 지른다. 이뿐만이 아니라 밤에는 불을 끈 어둠 속에서 잠들기가 힘들어 이불을 뒤집어쓰거나 불을 켜둔 채 잠들었다. 저 멀리 있는 건물 옥상에 하얀 옷을 입은 귀신의 형상이 있는 듯한 착각도 들었다. 방문을 닫고 자기도 무서워서 열어두면 그곳을 어떻게든 안 보려고 등지어 눕는다. 이렇게 사람과 어둠에 내가 만든 장벽을 갖고 있던 나였다.

그런데 아이를 낳고 엄마가 되니 어둠 속의 밤길은 천천히 걸을 수 있다. 어둠 속에도 내 아이를 지켜야 한다는 마음이 크다. 지금 살고 있는 아파트는 오래되어 CCTV도 없지만, 외간 남자와 단둘이 엘리베이터를 타도 괜찮을 만큼 담대해졌다. 무슨 일이 생긴다 해도 내 힘으로 그를 이길 수 있을 것 같은 배짱도 생겼다. 가로등 몇 개 켜진 어두운 길도 뛰지 않고 천천히 걸어 들어온다. 사실 뛸 힘도 없어졌다. 오히려 뛰면 힘만 든다. 집으로 들어오는 길목을 느긋하게 사유하며 그 길을 즐기고 싶다는 생각마저 든다. 순간적으로 무서울 때도 있지만 그래도 점점 편안해지고 있다. 이젠 가로등 하나만 켜져 있어도 낭만을 즐기듯 고상하게 천천히 걸어가련다. 어두운 곳 고양이가 훅 지나가도 인사할 수 있는 여유도 가지련다. 세월과 함께 담대해진 나는 이제 용감하고 지혜로운 여자다. 아무렴.

다정함으로 오래 살아남기

        셋째의 도서관 수업이 있는 날이었다. 끝나고 집으로 가는 길에 함께 있던 지인이 도서관 주차장으로 들어오는 차 엔진 소리만 듣고도 남편인지 바로 알아맞히는 걸 보고 순간 잊고 있었던 기억이 떠올랐다.

        초등학생 때 우리 집은 용두산 계단 입구에 있었다. 집 아래로 식당이 쪼르르 줄지어 있었는데, 엄마는 그곳에서 생전 처음으로 식당을 시작했다. 몇 개 안 되는 식당이라 자리 경쟁이 치열해 학교 수업을 마치고 집으로 가기 전, 나와 동생은 가게 안부터 살펴야 했다. 그때 손님이 있으면 우유와 간식을 챙겨 곧장 집으로 갔고, 손님이 없으면 가게 테이블 하나를 차지하고 앉아 간식을 먹었다. 그러다 손님이 오면 엄마에게 쫓겨나다시피 집으로 올라갔다. 그리고 오후 6시가 되면 가게에서 저녁을 먹었다. 손님의 유무에 따라 시간이 바뀌기 일쑤였지만. 그래도 우리 남매는 너무 잘 먹어서 무척이나 건강하게 잘 컸다.

아빠는 가구점에서 일했다. 정확히 어떤 일이었는지는 모르겠다. 다만, 그곳에서 낡은 용달차를 받아 몰고 다녔던 것으로 기억한다. 아마도 가구를 고객 가정에 배송하고, 설치해 주는 일을 하지 않았을까 싶다. 아빠는 나와 동생이 저녁을 먹고 집에 와 있으면 곧이어 왔는데, 자동차 엔진 소리만 들어도 아빠가 왔음을 알 수 있었다.

우리 남매가 엔진 소리에 예민했던 이유가 있다. 아빠가 오기 전에 어질러진 집을 청소해야 했기 때문이다. 만일 정리가 안 되어 있는 날에는 어김없이 혼이 났다. 그밖에도 아빠는 동생과 싸워서, 공부 안 해서 등 온갖 이유로 야단을 쳤는데, 그날의 기분에 따라 주의만 주고 끝나기도 했고, 무릎을 꿇고 앉아 손을 들고 있으라며 벌을 주기도 했다. 그때는 그런 아빠를 이해할 수 없었지만, 지금 내가 아이들을 혼내는 것과 거의 흡사한 이유로 아빠에게 혼났다는 걸 이제야 깨달았다. 사정이 이러니 우리는 최대한 아빠의 심기를 건드리지 않기 위해 아빠가 오는 소리에 귀 기울일 수밖에 없었다. 집에서 주차장까지의 거리는 50m. 아빠는 엄마한테 다녀오는지 항상 자동차 시동이 꺼지고 10분 정도 뒤에 집에 왔다. 이걸 알았던 나는 아빠가 올 무렵이면 청각을 곤두세우고 텔레비전을 보다가 엔진 소리가 들리면 즉시 청소를 했다. 간혹 다른 차와 착각하기도 했지만 혼나지 않기 위해 최선을 다했다. 그만큼 내 기억 속의 아빠는 무서웠다. 또 나와 동생은 당장 학원비가 없어 학원도 못 가는 마당에 놀러 오는 친구에게 용돈을 주고, 불우이웃 돕기를 하는 아빠는 항상 타인만 챙기는, 가족에겐 무심한 사람이었다.

아빠에 대한 추억 중 즐겁고 좋았던 기억은 거의 없다. 서운함과 원망, 불만과 공포가 대부분이었다. 심지어 일부러 나를 괴롭히는 게 아닌가 하는 의심을 할 정도였다. 그렇게 생각한 이유는 이렇다. 아침은 무조건 같이 먹어야 하는 거라면서 먹기 싫으면 먹는 거라도 보고 있으라며 곤히 잠든 나를 깨워 기어코 식탁 앞에 앉혀 놓았고, 그게 무엇이든 하라고 하면 해야 했다. 한마디로 아빠의 말은 곧 법이었다.

이 트라우마는 성인이 되어 결혼을 하고서도 이어졌

다. 대부분의 부부가 그렇겠지만 종종 말다툼을 할 때가 있다. 매번 그런 건 아니지만 나로서 큰소리치며 우기는 남편의 모습을 보면 괜히 불안하고 두려웠다. 그래서 남편 말이 옳고 그른지는 전혀 상관없이 더는 부딪히기 싫어서 울며 겨자 먹기로 넘어가곤 했다. 한번은 유료주차장에서 주차를 하는데 주인이 말을 걸었다. 그는 꽤 지긋한 나이로 보였고, 마스크까지 끼고 있어서 무어라 이야기하는지 정확히 알 수 없어 나는 몇 번이나 "뭐라고요?" 라고 되물었다. 그랬더니 버럭 화를 내듯 언성을 높였다. 순간 당황한 나는 어릴 적 아빠에게 혼날 때 느꼈던 불안한 감정이 고스란히 올라왔다. 가슴은 쿵덕거렸고, 머리는 새하얘졌다. 어떻게든 이 상황을 모면하고 싶어 급히 함께 온 남편을 찾았다.

그런 아빠가 변했다. 얼마 전 온 가족이 목욕탕에 가는데 큰딸이 목욕하기 싫다고 할머니 집에 혼자 지하철을 타고 가겠다고 했다. 나는 예전의 아빠처럼 그런 아이의 행동이 용납되지 않았다. 하지만 늘 그렇듯 친정엄마는 딸에게 어떻게 가면 되는지 차근차근 설명을 해주었다.

그때 아빠가 옆에서 혼자 가겠다는 손녀 걱정에 "내가 지하철 타고 집까지 데려다주고 다시 올게."라고 하는 게 아닌가. 순간 나의 귀를 의심했다. 아빠에게도 저런 다정한 모습이 있었다니. 손녀 걱정에 직접 데려다주고 온다는 그 말에 예전에 느꼈던 원망과 서운함이 목구멍에서 조금 내려간 듯했다. 결국, 딸은 외할머니의 친절한 설명을 듣고 혼자 무사히 할머니 집에 도착했지만 말이다.

나에게 아빠는 언제나 피하고 싶은 거칠고 시끄러운 낡은 엔진 소리 같았다. 그 엔진 소리 때문에 지금껏 수도 없이 많은 사람의 눈치를 보고 살아온 것 같아 때론 억울하기도 하다. 하지만 지금 아빠는 부드럽고 따뜻한 엔진 소리로 바뀌어 가고 있었다. 한편으론 조금 아쉽다. 내가 어렸을 때 아빠가 좀 더 다정했더라면 지금 나는 더 나은 모습이지 않았을까 싶어서. 이런 변화 속에서 나는 또 한번 배운다. 공부도 때가 있는 것처럼 인생도 그러함을. 그리고 더 늦기 전에 부모님과 아이들에게 다정하게 다가가야겠다는 나만의 다짐을 해본다. 다정한 존재가 오래 살아남는 법이니까.

매 순간의 선택을 즐긴다

"우리 이번 휴가 때 여행 어디로 갈까?

바다를 보러 갈까?"

"그래 그럼."

"숙소는 어디로 할까?

여기 찾아봤는데 어때? 가격도 괜찮지?"

"응 괜찮네, 그래 그럼."

"뭐 먹고 싶어? 여기 식당 어떠니?"

"괜찮네. 그거 먹자."

"생일 선물 뭐 받고 싶어? 이거 어때?"

"괜찮네. 그러면 그거 사줘."

선택의 순간마다 깊게 고민하지 않았다. 솔직히 무엇을 선택해야 할지 몰랐다.

하지만 인생은 매 순간 우리에게 선택을 요구한다.

아침에 눈을 뜨자마자 일어날지 더 잠을 잘지, 밥을 먹을지 빵을 먹을지, 어떤 옷을 입을지, 아이에게 잔소리할지 말지… 자잘한 선택부터 끝이 없다.

오래전 어느 따스한 봄날이었다. 엄마는 옷을 사주겠다며 나와 동생을 데리고 시장으로 향했다. 동네 시장 안에 브랜드 아동복을 백화점보다 저렴하게 파는 작은 가게가 있다. 특별한 날, 가족 행사가 있을 때 엄마는 그곳으로 데려가 옷을 사주셨다. 그날은 봄 소풍을 앞두고 있었다. 평상시에는 엄마가 주로 옷을 골라주었는데, 웬일인지 직접 고르라 했다. 그 순간부터 큰 부담을 느낀 듯하다. 하지만 한편으론 직접 고를 수 있어 신이 났다. 가게를 둘러보는 데 오랜 시간이 걸리지 않았다. 바로 원하는 옷이 눈앞에 있었다. 어깨에 봉긋한 레이스 재질의 퍼프가 인상적인 하얀 블라우스! 내가 입고 싶던 옷이다. 당시 읽고 있던 동화책 소공녀의 주인공 세라처럼 공주 같은 분위기의 옷. 고민의 여지가 없었다. 용기를 내 말했다.

"엄마 이거."

"소풍 가서 입을 건데 블라우스를 골랐어?"

엄마 반응에 당황스러웠다. 이렇다 저렇다 말 한마디 못 하고 머뭇거리기만 했다.

"아주머니, 이 블라우스 얼마예요? 이건 어떠니? 편해 보이는데…."

엄마는 소풍에 가서 입을 수 있는 편한 옷을 사줄 생각으로 가게에 갔던 모양이다. 그런데 내가 고른 옷은 무엇이라도 묻으면 금방 티가 날 수 있는 하얀 블라우스. 다른 옷을 골라 보려 했지만, 이미 하얀 블라우스에 마음을 빼앗긴 터라 다른 옷은 눈에 들어오지 않았다. '이럴 거면 왜 옷을 고르라고 했을까?' 엄마를 탓하는 마음마저 들었다. 게다가 주인아주머니께 가격을 물어보았을 때 표정이 마음에 걸렸다. '블라우스 가격이 비쌌나?'라는 고민으로까지 이어졌다. 엄마가 권하는 옷을 사야 이 불편한 순간이 끝나는데…. 다행히 엄마는 "아까 네가 골랐던 블라우스 그냥 사자."라고 해 상황이 마무리됐다. 옆에 계셨던 주인아주머니도 "그래, 요즘 여자아이들이 이런 블라우스 좋아하더라." 하시며 웃으셨다. 결국은 하얀 레이스 퍼프가 봉긋한 예쁜 블라우스를 입게 되었는데도 가게를 나오는데 기분이 꺼림칙했다. 정확한 이유는 알 수 없었다.

　대망의 소풍날이 되었다. 엄마는 네가 고른 블라우스를 입으라 했다. 그런데 갑자기 하얀 블라우스를 소풍에 입고 가면 불편할 것 같다는 생각이 들었다.

　그렇지만 내가 산다고 했으니 입어야 했다. 혹시 엄마가 "그거 말고 다른 거사지 그랬니……."라는 말을 할지 모르는데 그 말이 듣기 너무 싫었다.

　그런데 학교에 가보니 친구들의 복장이 모두 편안해 보였다. 모든 아이가 운동복을 입고 온 것은 아닐 텐데 운동복만 눈에 띄었다. 게다가 사탕 따먹기 게임, 꼬리잡기, 보물찾기 게임 등을 할 때마다 마음만큼 잘되지 않았다. 이 모든 상황이 불편한 하얀 블라우스를 입었기 때문이라는 생각에 소풍 내내 재미도 없고 즐겁지도 않았다.

　'그날 이후부터'라고 정확히 말할 순 없지만 어느 순간부터 내가 선택한 것에 대한 믿음이 없었다. 소풍날의 하얀 블라우스처럼 말이다. 그러다 보니 가능하면 선택의 순간마다 바통을 타인에게 넘겼다. 그것이 편했고 그래야 소풍날 불편한 블라우스를 입는 상황이 또 생기지 않을 테니 말이다.

선택하지 않는 습관은 일상의 소소한 것에서 삶의 큰 변화를 주는 일까지 자연스럽게 스며들어 깊게 영향을 끼쳤다.

마흔의 고개를 넘은 어느 날. 불현듯 내 삶이 내 것이 아닌 것처럼 느껴졌다. 누군가의 선택으로 원하지 않은 삶을 살고 있었다고, 선택을 강요한 타인을 원망했다. 그 마음이 거센 폭풍처럼 나를 덮으려 할 때 현재의 내가 시작되었을지 모를 이 이야기를 떠올렸다.

'과거는 자신에 의해 재편집된 가짜 이야기라던데…' 그제야 오랫동안 습관처럼 지난 감정을 부여잡고 선택의 순간마다 불안하고 두려웠음을 알았다. 이 부정적인 생각에서 벗어나야 했다. 그러기 위해 글쓰기를 시작했다. 대단한 글쓰기는 아니었다. 일기도 쓰지 않던 사람이라 문장을 만들기는 어려웠다. 그냥 생각나는 대로 끄적였다.

마음속에 있는 무형의 것을 꺼내 글이라는 실체로 확인하는 과정은 실타래처럼 엉켜 있는 고민을 해결해 주고 타일을 탓하던 모든 일이 사실은 나의 선택이었음을 깨닫게 도와주었다. 그제야 나는 내 삶에 고운 것만 주고 싶어졌다.

이제 나는 소풍날이라도 하얀 레이스 퍼프 블라우스가 입고 싶으면 그냥 입는다. 다른 이들이 보기에 불편하고 부담스러운 옷일지라도 입고 싶은 마음을 소중히 여긴다. 부유하게 떠돌던 생각을 글로 배출하니 나에 대한 깊은 이해와 세상의 목소리에 자유롭다. 덕분에 살면서 느꼈던 뿌연 안개 같은 무력감이 사라지고 있다. 이젠 두려울 때마다 노트를 꺼내 적어본다. 글이 생각과 행동을 연결해 주는 다리가 되어 선택을 책임지는 사람이 된다.

——— 평생 철들지 못할 줄 알았는데
——— 어른이 되어간다.

한밤 중 소동

그날 밤, 집에는 아빠가 없었다. 한창 잠에 빠져 있던 새벽, 엄마는 나를 살살 깨웠다. 입 모양으로는 '쉿' 하면서 손으로는 일어나라는 표시를 했다. 졸린 눈을 비비며 엄마의 얼굴을 보니 겁에 잔뜩 질린 모습이었다. 오빠도 약간 상기된 얼굴로 눈이 말똥말똥했다.

'왜 그러지?'

졸린 와중에도 뭔가 큰일이 난 것 같아 잠이 번쩍 깼다. 현관문은 활짝 열린 상태였고, 엄마 손에는 긴 막대기가 쥐어져 있었다. 뒷베란다에서 부스럭거리는 소리가 계속 들린다고 했다. 새벽에 놀란 엄마가 온갖 불을 다 켜놓고 우리를 깨운 것이다.

"엄마가 뒷베란다 문을 확 열 테니까 누가 있으면 소리 지르며 뛰어나가자."

엄마는 부엌을 지나 베란다 문을 향해 조심조심 걸

어갔다. 베란다 바깥의 붉은색 전구 빛만이 창문으로 새어 들었다.

"부시럭 부시럭"

아직 잠자고 있던 미세한 온갖 감각들이 바짝 깼다. 엄마 뒤를 따라 최대한 숨죽이며 전투태세를 갖췄다. 문에 거의 다다랐고 엄마는 있는 힘껏 문을 열며 소리쳤다.

"누구야!"

10초 간의 정적이다. 밝은 전등만 훤히 비출 뿐 아무도 없었다. 모든 물건은 제자리에 있었고 창문도 닫힌 채 가지런했다. 어디서 소리가 났는지 샅샅이 이곳저곳을 뒤져 보았지만 아무런 흔적이 발견되지 않았다. 귀신이 곡할 노릇이다. 다행인 듯 한시름 놓았지만 불행인 듯 의아함의 증폭은 더 커졌다.

다음날 학교에 다녀온 나를 엄마가 다급하게 부르며 뒷베란다로 데려갔다. 저 구석 왼쪽 모서리 벽에 주먹만한 구멍이 뚫어져 있었다. 뭔 구멍이 저렇게 크나? 저건 뭐지?

"야야, 저거 쥐구멍이다. 시커먼 쥐가 들락날락하는 거 엄마가 봤어. 저 소리였네. 쥐가 벽 뚫고 나와서 돌아다니는 소리, 저거 어떡하냐?"

우리 아파트 구석구석에는 쥐들이 난무했다. 고양이도 많아 집에 들어가는 길에 고양이가 보이면 소리치며 도망갔다. 닫힌 작은방 창문으로 쥐구멍이 적나라하게 보이고 쥐가 꼬리를 흔들며 나와 눈인사까지 한다. 주먹만한 쥐가 몽실하게 살이 쪄서 으악 소리가 절로 나온다. 엄마의 유연한 대처로 관리 사무실에 가서 쥐구멍 막을 시멘트를 얻어왔다. 바로 바르면 안 되고 쥐가 들어갔는지 확인한 후에 날렵하게 시멘트질을 해야 했다. 엄마는 쥐가 쥐구멍에 들어가는 것을 보려고 단속 근무를 시작했다. 나도 궁금해서 그곳을 얼마나 보러 갔는지 다리에 쥐가 날 지경이었다.

"들어갔다 들어갔다!"

엄마는 후다닥 시멘트를 들고 벽에 박박 발랐다. 큰 쥐구멍은 시멘트로 막히고 한시름 마음을 놓았다. 다시는 못 뚫고 나오게 손이 아프도록 발랐다. 며칠 동안 막혀진

구멍 안에서 바스락거리는 소리가 들려왔다.

　　한동안 온 식구들은 신경이 예민해져 있었다. 시멘트로 두껍게 막고 단단히 굳어져 더 이상 바스락거리는 소리가 들려오지 않으니 그나마 안심이었다. 그래도 매일 확인했다. 쥐 꼬리도 보이지 않자 시간이 흘러 자연스레 무심해졌다. 그 뒤로 우리 집에서는 쥐를 보지 못했고 찍찍거리는 소리도 들리지 않았다. 시멘트 바른 곳이 더 단단해지고, 쥐로부터 안전한 지역이 된 것이다. 아파트 밖에서는 간혹 통통한 쥐들이 날렵하게 구석에 숨었고 고양이들도 재빠르게 지나갔다. 고양이가 쥐를 정말 잡아먹었는지 모르지만, 고양이도 쥐도 함께 살았던 우리 집이었다.

꽃상여를 품은 집

잔두리 마지막 꽃상여였다. 인경은 상여가 저리 아름다울 수 있는가 싶었다. 어린 시절 산모롱이 상엿집을 지나다니는 건 죽기보다 싫었다. 그 앞을 지나가면 괜스레 머리카락이 주뼛 서고 닭살이 돋았다. 맞제 아재를 태운 꽃상여는 인경을 두려움에 떨게 했던 상엿집 안의 상여가 아니었다. 아름다웠다. 맞제 아재의 꽃상여는 하늘이 시리도록 푸르렀던 그해 가을, 그렇게 북망산천을 향했다.

맞제 아재는 아버지와 사촌, 인경에게는 당숙이 되는 분이다. 아재는 대나무처럼 곧은 성품이지만 봄 햇살처럼 따뜻한 마음을 지닌 분이었다. 인경이 맞제 아재 집 앞을 지나갈 때면 늘 주전부리를 손에 들려주곤 했었다. 거나하게 취한 맞제 아재 손에 한결같이 들려 있던 검은 봉투의 정체가 주전부리였다는 것을 인경은 그때 알았다. 맞제 아재는 술을 좋아했다. 좋아하는 정도가 아니라 한잔 하면 두 잔, 두 잔 하면 세 잔, 네 잔, 술잔이 꼬리에 꼬리를 물어 아재가 술을 마시는 날은 술집에 술이 동나는 날이었다.

"아이코, 형님 오늘도 한잔하셨네요.

그냥 올라가시지여."

아버지는 맞제 아재가 불콰한 얼굴로 파란 대문을 들어서는 모습을 보고 봉당에 있는 고무신을 바삐 신었다.

"맞제?"

"예, 예 형님…."

"산양에서 올라오다 버스가 지나가길래…

손을 들었… 맞제?"

"예, 예. 얼른 올라가시여."

신발을 벗으려던 맞제 아재는 신발을 신고 마당으로

나서는 아버지를 보고 다시 신을 신고 아버지 뒤를 따랐다. 맞제 아재한테 붙들려 앉으면 한 시간이고 두 시간이고 끝이 없다는 것을 아버지는 경험상 잘 알고 있었다.

"크… 맞제?"

아버지는 아무 말하지 않고 맞제 아재 집을 향해 걸었다. 아재는 아버지 뒤에서 맞제를 연신 내뱉으며 비틀비틀 자신의 집으로 향했다.

아버지를 따라간 병실에는 콧줄을 주렁주렁 매달고 미라처럼 머리에 온통 하얀 붕대를 친친 감은 아재가 누워있었다. 술을 저렇게 좋아하다 큰일 나지, 라는 동네 사람들의 수군거림이 그대로 맞았다. 그날도 아재는 술집 막걸리 항아리가 동이 나는 걸 보고서야 술집을 나섰다. 아재가 술을 마신 게 아니라 술이 아재를 마셨던 날, 뽀얀 먼지를 일으키는 신작로를 별을 등불 삼아 비틀거리며 걸었다. 어두운 밤에는 위험하다며 신작로에 가로등을 설치했지만, 농번기에는 무용지물이었다. 가로등 불빛에 곡식이 자라지 못한다는 이유로 그날도 가로등은 다 꺼지고 그나마 드문드문 켜 둔 등마저 껌뻑껌뻑 졸고 있었다.
술기운에 기분이 좋았던 맞제 아재가 노래 한 가락을 막
뽑아 올릴 즈음이었다. 8시 마지막 버스는 어두운 신작로
에서 하얀 먼지를 일으키며 달려와 술에 취해 휘청한 아
재를 덮치고 말았다.

붉은 취기로 얼굴이 늘 불콰했던 맞제 아재.
아재는 하늘나라에서도 말끝에 연신
'맞제?'를 붙이고 있을까요?

아재, 한 해가 저뭅니다.
끝맺지 못한 글처럼 삶은 흐르고 있어요.
끄트머리는 또 다른 시작이라고도 하는데요.

아재,
잘 산 거 맞제여?

상엿집

상엿집은 쉽게 상여와 집으로 나뉠 수 있다
동네에서 인적이 드문 산 아래 작은 집 한 채
거기 붉은 찰흙 벽으로
상여틀 연꽃 봉황
꽃상여를 만들 장식을 품고 있다
어느 님의 마지막 꽃길을 위해서
산길을 걷다 멈춰 선 그곳에서 보았다 그래서
그 상엿집에 쓸쓸하고 고즈넉한 상여와
어느 망자의 마지막 길이 함께 있다는 걸 알았다

나는 자세를 반듯이 고쳐 섰다
못 만나 봤지만, 섬섬하지만
북망산천을 향해 상엿집의 문을 여는 망자를 떠올리며

– 이면우의 시 '빵집'을 빌려와 쓴 짧은 끄적임

맞제 : 맞지 / 아재 : 아저씨 / 잔두리, 산양 : 지명

205

무서운 집도 있다

집은 우리에게 행복하고 즐거운 추억을 주기도 하지만, 두려움과 공포를 선사하기도 한다. 내게도 그런 집이 있었다. 어른의 시각으로 보면 별거 아니었을 사건이 어렸던 내게는 늘 두려움과 공포의 대상이었다. 그 집에서는 많은 일이 터졌다. 즐거운 일도 있었겠지만, 애석하게도 두려움이 더 깊게 자리 잡았다.

다락방 딸린 단칸방 집을 떠나 번듯한 방 두 칸짜리 집으로 이사했다. 큰 도로에서 긴 골목을 따라 들어가면 빽빽하게 들어선 주택들 사이에 그 집이 있었다. 원래는 단층이었는데 주인이 한 층을 올려 이층집이 되었다. 우리가 1층을 거의 다 썼기 때문에, 전에 살던 집에 비하면 만주 벌판 저리가라였다. 없던 거실까지 더해졌으니 이사하던 날 얼마나 설렜는지 모른다. 단칸방에 옹기종기 모였던 가족, 이 집에서는 거실에 모여도 공간이 남았다. 손님을 안방으로 들이는 불편함도 사라졌다. 덕분에 내 프라이버시가 침해당할 일도 없어졌다. 하지만 그렇게 좋을 줄만 알았던 집이 내게 무서운 집으로 기억된다.

그 집에서 초등학교 6학년과 중학교 1학년을 보냈다. 집이 넓으니, 사람이 없으면 휑한 느낌마저 들었다. 어쩌면 전에 살던 집에 비교되어 더 그랬는지도 모른다. 주택가 사이에 자리 잡고 있어 대체로 어두웠다. 햇빛이 들지 않는 것은 아니지만 부족한 느낌은 어쩔 수 없었다. 사방의 집들로 인해 꽉 막힌 미로 같았다. 앞에도, 옆에도, 뒤에도, 위에도 모든 공간이 벽돌과 콘크리트였다. 마당마저 넓지 않아 거실 창 너머로 담벼락과 다른 집 창문이 조금 보였다. 그야말로 답답한 곳이었다.

하루는 모든 가족이 늦게 들어오는 날, 혼자 안방에 앉아 TV를 보다 미처 채널을 돌리지 못해 '전설의 고향'과 마주쳤다. 특유의 음산한 시그널 음악이 울려 퍼지는데 이불을 덮고 앉아 불과 2~3m 거리를 어쩌지 못했다.

요즘 같으면 리모컨이라도 있을 텐데 그때는 로터리 아날로그 컬러 TV였다. 전설의 고향은 시작되고 울려 퍼지는 귀신 소리와 우리 집 분위기는 찰떡으로 맞아떨어졌다. 눈을 감아도 소리가 들렸고, 방에서 나가자니 아무도 없어서 더 무서웠다. 전설의 고향 내용은 하나도 기억나지 않고 무서웠던 기억만 깊게 새겨졌다. 지금도 그때 생각하면 웃기면서도 등이 오싹한다. 그때 전설의 고향은 왜 그리 무서웠는지 모르겠다. 오프닝 음악도 싫었고 해설하는 성우 목소리는 더 싫었다. "이 전설은 ○○지역에서 내려오는~" 멘트는 왜 그리 공포스러웠는지… 하필 아무도 없을 때 전설의 고향과 마주칠 줄이야.

입식이 아니라서 부엌이 낮았다. 한두 계단 내려가는 구조라 여러모로 불편했다. 연탄불과 석유풍로를 이용해서 밥을 하고 음식을 조리했다. 그때만 해도 가스를 쓰는 집들이 별로 없었다. 난방은 주로 연탄이 책임졌던 시절이다. 하루는 방에서 자다가 의식이 약해졌다. 어머니가 나를 깨웠지만 제대로 몸을 일으킬 수 없었다. 동치미

국물을 가져와 강제로 내 입에 들이미셨다. 한마디로 죽다 살아났다. 지금 같으면 응급실로 달려갔을 텐데, 그때는 그런 게 일반적이었다. 가장 좋은 민간 처방은 창문을 열고 김칫국 마시는 정도였다. 연탄가스 중독으로 의식이 흐려지는 경험은 그 집이 처음이었다. 머리가 깨질 듯 아팠고 후유증은 며칠 이어졌다. 연탄가스가 얼마나 위험한 물질인지 몸으로 체험했다.

내 방은 대문에서 가장 멀었다. 그야말로 창문을 열면 옆집 창문과 맞닿아 있었다. 옆집에서 나누는 큰 소리는 내 귀에도 그대로 들렸다. 그래서 나는 조용히 이야기하는 습관을 지닐 수밖에 없었다. 그런데 밤만 되면 어디선가 이상한 소리가 들렸다. 코 고는 소리 같기도 하고, 신음 같기도 한 소리를 계속 듣고 있으면 전설의 고향보다 나를 더 오싹하게 했다. 출처를 모르겠지만 옆집 아저씨 코 고는 소리가 아니었을까. 출처가 윗집인지, 아랫집인지 모르겠지만 그때는 음산하게 들리는 공포였을 뿐이다. 더구나 옆집 젊은 부부의 싸우는 소리는 우리를 괴롭히기에 충분했다. 오지랖 넓으셨던 아버지가 말려보기도 했지만 쉽지 않았다. 다음날 되면 아무렇지도 않게 인사 나누던 젊은 새댁이 이상하게 보이기까지 했다. 밤마다 여기저기서 들려오는 고양이소리, 코 고는 소리, 싸우는 소리, 거기다 정체불명의 소리까지 나를 무척이나 힘들게 했다.

가장 두려웠던 기억은 병으로 쓰러지신 아버지의 모습이었다. 아버지는 오랜 지병으로 고생하셨는데 그 집에서 병이 심해져 가족들 걱정이 이만저만이 아니었다. 일어나 앉지도 못하시고 음식도 제대로 드시지 못했다. 아버지는 만성 위장병 때문에 평생 약을 드시며 야위고 마른 체형으로 사셨다. 나는 형에게 아버지가 돌아가실 것 같다는 말도 서슴지 않고 내뱉었을 정도로 아버지의 병세는 위독했다. 가족의 죽음만큼 무서운 것이 세상에 어디 있겠는가. 오랜 시간 고통스러워하시는 모습을 봤지만, 그때만큼 심하지는 않았다. 초등학생 눈에 비친 죽음의 그림자는 고통이자 공포였다. 다행히 병세는 호전되어 일어나셨지만, 15년 후에 돌아가실 때도 그때만큼 두렵지는 않았다.

불과 2년여 살고 이사했지만, 즐거웠던 기억이 거의 없는 집이다. 특별한 추억이 생각나지 않는다. 그 집은 힘들고 무서웠던 기억만 주었다. 그래도 나 혼자만의 방은 아니더라도 부모님과 떨어져 잘 수 있었던 최초의 집이다. 넓은 거실 덕분에 아버지는 화초 키우시는 재미를 들이셨다.

얼마 전에 근처를 지나다 골목을 잠시 들여다봤다. 예전 그 집은 없어지고 건물을 다시 세워 말끔해졌다. 더 이상 무서운 것들이 무서워지지 않을 나이지만, 그 기억만은 생생하게 남아있다. 마음에 들지 않아도 미소를 머금게 만드는 소중한 경험이다.

홀러가는 강물이 귀를 씻어주듯이
그리운 소식은 길이 멀어야 가슴에 메인다

– 나호열 '어떤 안부'에서

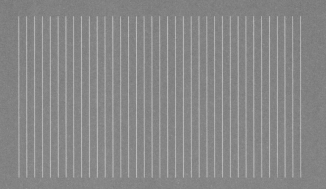

7장
그리운 소식은 길이 멀어야

집의 온도

어린 시절 나는, 학교에 다녀오면 엄마부터 찾았다. 뙤약볕에 신작로를 걸어 왔으니 얼굴은 장작불처럼 시뻘겠다. 언니는 나에게 연신 부채질을 해주며 마루로 얼른 올라오라고 했다. 하지만 봉당에 선 채 책가방을 마루로 툭 던지고 골목으로 달음박질쳤다. 언니는 미숫가루라도 한 잔 마시고 가라며 불렀다. 언니가 부르는 소리에도 아랑곳하지 않고 서녘으로 향했다. 엄마는 집에 없었다.

엄마는 집과 멀지 않은 서녘 밭에 계셨다. 아무리 넓은 밭이어도 엄마를 찾을 수 있다. 포슬포슬한 흙처럼 부드러운 엄마 냄새가 난다. 엄마는 밭고랑에 앉아 풀을 매고 계셨다. 엄마가 일하는 동안 밭 가장자리 뽕나무 그늘에 앉아 기다렸다. 기다리는 동안 깨진 사금파리 몇 개 주워 소꿉놀이한다. 나는 엄마가 되기도 하고, 아버지가 되

214

기도 한다. 혼자 하는 소꿉놀이도 괜찮다, 밭고랑 어딘가에 엄마가 있으니.

나에게 엄마가 없는 집은 텅 빈 집이었다. 아무도 없어 들어가고 싶지 않은 빈집. 언니와 아버지가 계셔도 그랬다. 엄마는 엄마의 온도가 있었다. 엄마만이 데울 수 있는 집의 체온. 엄마가 있는 집은 늘 따듯하고 시원했다. 뜨겁지도 차갑지도 않은, 마음을 포근히 앉힐 수 있는 온도였다.

집은 사람이 살지 않으면 헐거워진다. 헐거워진 집은 무너지기 십상이다. 하지만 한때 누군가 살았던 온기는 집을 지탱하게 한다. 하지만 당분간이다. 집의 온기를 유지해 줄 주인을 만나지 못하면 빈집은 무너진다. 지난해 봄 헐거워진 큰 집을 보았다. 평소 눈에 들어오지 않았던 집이 그날은 선명하게 보였다. 낡을 대로 낡은 집은 위태로웠다. 집은 고요히 갈라지는 벽을 바람의 몸을 하고 기와를 이고 서 있었다. 먼지를 뒤덮어 쓴 채 나뒹구는 슬픈 세간살이 몇몇 곁으로 집의 시간이 스쳤다.

기와 사이로 참새가 드나들었던 집. 겨울이면 방안에 화로가 빨간 불꽃을 지폈던 큰집이었다. 찐빵 냄새를 품고, 뒤란에는 작고 단단한 돌배나무가 있었다. 부엌 뒷문을 열면 보였던 모과나무에는 서너 개의 모과만 달렸었던가. 헐거워진 집은 따뜻한 시간을 품고 있었다. 그리고 지난봄, 바람의 몸을 하고 서 있는 집을 마당 가득 민들레 홀씨가 지키고 있었다. 어디로 날아가지도 못한 채 마당 가득, 한가득. 헐거워진다는 것은 쓸쓸함에서 또 다른 생명을 자라게 하는 것일까. 헐거워진 집은 민들레 홀씨를 마당 가득 품고 있었다.

온기가 떠난 집은 헐거워질 뿐 아니라 냉랭해지기도 한다. 하지만 그 공간을 누가 어떻게 어떤 마음으로 채우며 살았는지에 따라 집의 온도는 달라진다. 20여 년을 내 몸보다 더 청결하게 창고를 지키고 가꾸던 J가 세상을 떠났다. 창고는 물건이나 자재를 보관하는 것이 일반적이다. 이런 공간이 따뜻하게 느껴지기란 쉽지 않다. 그럼에도 그곳이 어떤 시간으로 채워졌느냐에 따라 공간의 온도는 달라질 수 있다. 나는 J가 떠나고서야 창고의 따뜻한 온도를 알아챘다. 창고는 J의 마음과 그가 깃들인 정성, 그리고 함께한 시간을 그대로 품고 있었다. 창고는 온화했다.

세월은 집도 사람도 헐겁게 한다. 헐거워진 집은 사람이 떠나듯 생을 다하기도 한다. 하지만 생을 다했다고 진정 사라지는 것일까. 바람의 몸을 하고 선 집이어도, 냉랭한 철제 선반과 기계로 꽉 찬 창고여도 온화한 온도를 지닐 수 있다. 온기를 지닌 집은 헐거워져도 쉬 무너지지 않는다. 온기를 지닌 집은 사라진다고 해도 기억 속에 존재한다. 부재 속에 존재하는 사람처럼 따뜻한 온도로.

엄마가 떠난 잔두리 집의 온기를 아버지가 데우며 산다. J가 떠난 창고의 온기를 내가 잇는다. 이른 아침, 창고의 묵직한 문을 연다. 그가 데운 온기가 식어 헐겁지 않도록. 온화한 온기가 나를 맞는다. 창고의 안온함이.

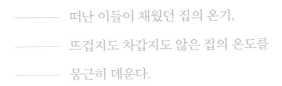

——— 떠난 이들이 채웠던 집의 온기,
——— 뜨겁지도 차갑지도 않은 집의 온도를
——— 뭉근히 데운다.

그에게 건네는 선물

출국 날짜는 딱 두 달 남아 있었다.

고등학교 친구인 혜경이와 함께 프랑스로 가기로 한 유학이었다. 혜경이는 경영학으로, 나는 전공을 살려 국문학과 불문학을 접목한 비교문학을 공부하기로 하고 유학을 준비했다. 사실 그때 우리 집 사정은 유학을 갈만한 형편이 아니었지만 부모님은 고집과 주장이 강한 딸을 이기지 못하셨다. 일단 마음을 먹으면 끝까지 하고야 마는 성격인지라.

프랑스 유학원에서 일하는 혜경이 둘째 언니가 우리 둘의 비행 스케줄과 학교, 숙소까지 다 일사천리로 준비해 주었다. 학교와 숙소가 정해지자 우리 둘의 마음은 이미 프랑스에 가 있었다. 중요한 일은 해결된 셈이고 들뜬 마음에 이제 뭘 하며 두 달을 보내야 하나 궁리하기 시작했다. 생각 끝에 비행기표와 학비를 대주신 부모님께 죄

송한 마음에라도 남은 시간 동안 아르바이트를 해서 생활비라도 보태기로 마음먹었다. 일자리를 알아보니 집에서 멀지 않은 동네에 적당한 레스토랑 광고가 눈에 들어왔다.

서글서글한 큰 눈에 동그란 얼굴의 사장님은 소매가 날깃하게 닳은 옅은 주홍색 폴로 셔츠를 입고 있었다. 아, 학생이군요. 두 달만 일하겠다? 좋아요. 이런 일은 해봤어요? 이력서와 등본을 건네받아 죽 훑어보고는 사장님은 흔쾌히 나를 알바생으로 채용해 주셨다.

카페는 이 층이었는데 이층과 삼층을 함께 사용하는 곳이었다. 개업한 지 얼마 되지 않아서인지 직원은 사장님 혼자였고 이제 막 조금씩 손님이 늘어나고 있다고 했다. 성실한 거 하나는 자신 있던 나는 레스토랑의 이층 삼층을 오르내리며 열심히 일했다. 사장님은 메뉴에도 공을 들여 돈까스도 직접 만들었다. 새벽시장에 가서 신선한 재료를 구해와 손수 손질하고 간도 맞춰 마음을 다해 손님상에 냈다. 그런 사장님께 나는 아낌없는 응원을 보내는 한편 나름 냉정하게 음식 맛을 평가하기도 하는 알바생이었다. 우린 티키타카가 잘 맞았다. 그런데 언제부턴가 사장님은 예의 그 길고 짙은 속눈썹을 밑으로 깔고 내 시선을 피하기 시작했다. 이유는 모르겠지만 말을 걸어도 그냥 웃기만 했다. 사장님을 보면서 나이 많은 사람이 어린 사람에게 부끄럼을 타는 모습으로 비춰져 우습기도 했다. 한편으로는 그런 모습이 은근히 귀엽다는 생각까지 들었다. 귀여운 거에 껌뻑 죽는 내 취향에 기름을 들이부은 격이었다.

이제 일한 지 한 달이 좀 지났고 우린 조금씩 친해졌다. 사장님과 나는 허물없이 농담도 주고받는 사이가 되었다. 사장님은 긴 머리에 안경을 쓴 내게 존 레논의 애인 오노 요코를 닮았다며 놀리기도 했다. 함께 손님을 응대하며 거기에 따르는 고충도 함께 나눴다. 사장님은 알바생이라고 무시하지 않고 내 이야기를 끝까지 잘 들어주었다.

거기서부터였을까? 우리 사이가 급속도로 가까워지

는 것을 느꼈다. 그러면서 서로에 대한 마음이 깊어질수록 헤어지는 일이 점점 두려워졌다. 그는 유학을 마치고 돌아올 때까지 나를 기다리겠노라 약속했지만 그를 두고 떠난다는 생각만 하면 마음이 무너져 내렸다.

생전 처음 사랑한다고 고백하고 고백을 받았다. 그 말을 주고 받을 때 나는 사랑이란 건, 오랜 폭우에 약해진 절벽처럼 심장 한쪽이 와르르 무너지는 것임을 느꼈다. 그런 그를 위해서는 어떤 일이라도 할 수 있을 것 같았다. 그렇지만 고민의 장도 함께 열렸다. 이제 막 시작한 사랑에 기뻐하면서도 헤어져야 하는 현실을 깨달을 때면 유학을 강행해야 하는지 고민이 되었다. 결국 나는 과감하게 나의 미래를 포기하고 그를 택했다. 내가 가보고 싶었던 학문의 비전과 아직 열리지 않은 세계의 문 안쪽을 열어보고 싶은 호기심을 놓고 그의 손을 잡은 것이다. 그러고 나니 모든 일이 더 선명해졌다. 서로를 가장 우선순위에 두고서는 고민할 것도 주저할 것도 없었다. 우린 서로에게 더 몰입했다. 불같은 사랑에 빠져 눈이 멀어버린 나에게 함께 유학길에 오르기로 한 혜경이의 분노도, 학업을 이어가길 바랐던 부모님의 한숨도 다 대수롭지 않은 일이 되었다. 그 일로 혜경이도 유학길을 떠나지 못했고 우리 부모님도 딸에게 느닷없이 맞은 뒤통수의 아픔에 한동안 멍해 있었던 기억이 난다.

　　지금 생각하면 그때가 내 생을 가르는 갈림길이 아니었나 싶다. 번갯불에 콩 볶듯 그와 결혼하고 이른 나이에 엄마가 되었다. 다짜고짜 결혼생활이라는 국면에 들어섰을 때 나는 갓 인생의 참맛을 보게 된 애송이에 지나지 않았다. 그때의 결단과 연애가 천만번의 후회와 그에 맞먹는 행복을 선물했다. 그것은 비로소 온전한 '나'라는 실체를 만나는 시기이기도 했다. 보드랍게만 자랐던 나는 부끄럽지만 스스로 선하고 완전한 사람이라는 착각 속에 살았다. 지지고 볶는 결혼 속에서 나의 잘못된 생각과 아집이 통째로 지져지고 볶아지는 것이었다. 아예 새로운 생의 문을 열어젖힌 그때의 나 자신이 지금 생각하면 놀라움의 결정체다.

　　이제 생의 중간을 지나고 있는 나는 나이 지긋한 중

년이 되었다. 이런 내 모습을 보고 주변의 지인들은 순하고 넓은 아량을 가진 사람으로 생각해 주기도 한다. 바라보는 시선에 따라 판단은 다르지만 그렇게 비친다면 그건 결혼의 결과물이다. 가슴속에 불덩이를 품은 천방지축 애송이가 결혼이라는 불같은 연단을 통해 지금의 나로 완성된 것이로구나 하고 무릎을 친다. 내 나름 고통의 골짜기를 지나면서 내가 얼마나 이기적이고 미숙하며 치기 어린 사람이었는지 점점 알아갔으니까.

　　손자들의 해맑은 웃음소리를 듣고 있다.
　　처음 그를 만났을 때 난 이 웃음소리를 짐작이나 했을까? 여기까지 함께 와준 딸들과 늦게 만난 아들과 가장 고생한 남편에게 이 웃음소리를 선물하고 싶다. 그 속에 그동안의 내 잘못과 미련함과 불안과 함께 나눈 모든 추억을 곱게 포장해서 건넨다. 언제까지일지 모르지만, 앞으로의 나를 잘 부탁한다는 겸연쩍은 미소 하나 얹어서.

돌이킬 수 없는 시간

초록 대문을 열고 들어가니 오른쪽에 재래식 화장실, 왼쪽으로 수도가 있다. 수도를 마주하고 빨간 지붕 아래 안채 마루가 보인다. 아담하면서 깔끔한 집이다. 서울로 전학 와서 처음 살게 된 집의 첫인상이었다. 1977년 MBC 일일드라마 <당신>을 보면서 부러워하던 집의 모습과 닮았다. 드라마 속 집은 대문을 열고 들어서면 마당에 수도가 있고 그 너머 대문과 가장 먼 곳이 안채였다. 안채 양옆은 방이 마주 보도록 설계되어 있었다. 드라마에 흠뻑 빠졌던 나는 언젠가 나도 저런 집에 살면 좋겠다고 생각했다. 내가 살 집의 구조도 드라마와 같았지만, 우리 집은 안채가 아니라 안채 옆에 부엌이 달린 단칸방이었다.

주인집은 삼 남매를 두었고 막내가 나와 동갑인 여자아이였다. 주인아주머니가 ○○여중 1학년 옥희라며 딸을 소개해 주셨다. 나에게 나이를 물으시길래 14살 2학년이라고 답했다. 동갑이니 친구처럼 지내라는 말씀에 얼른 답이 나오지 않았다. '1학년이면 나보다 한 학년이 낮네!'라고 생각했다. 우리 집 부엌과 붙어있는 방은 홀어머니와 직장에 다니는 아들, 거의 매일 밤을 새우며 공부하는 여고생 세 식구가 살았다. 한 지붕 아래 세 가구가 사는 집이다.

마당 중앙에 있는 수돗가는 물이 마당으로 흐르지 않도록 사방을 시멘트로 턱을 만들어, 그 안에서 물을 쓰는 것이 자유로웠다. 수도와 나란히 우물펌프도 있어 세 가구가 살면서 물이 부족하다 느낀 적은 없었다. 개학하고 아침이면 학교 거리에 따라 수도를 사용하는 순번이 정해져 있었다. 각자 세숫대야를 가지고 수돗물을 받아 세수하는 그 아침 시간이 참 불편했다. 언니든 오빠든 먼저 "좋은 아침"이라며 인사를 건네주면 인사에 응하고 자유롭게 씻을 수 있었을 텐데 아무도 그렇게 하지 않았다. '서울은 이런 분위기인가?' 궁금하기도 했다. 남매끼리 싸우거나 모녀나 모자가 싸우는 소리가 들리면 밖으로 나갈 수가 없었다. 한 집에 여러 가구가 사는 불편함이었다. 이런 것들은 남의 일이니 잠깐 불편하면 되었다.

그런데 시간이 지나도 불편하고 적응이 되지 않는 한 가지가 있었다. 집에서 옥희가 나를 부르는 호칭이 영 거슬리는 것이다.

"혜원아 너희 학교는 개학이 언제니?"

'아, 이것이 그 멋진 서울말이구나.'

섬에서 육지로 전학 갔다가 방학 때 고향에 온 친구들이 쓰는 도시 억양의 말을 우린 '멋진 말'이라고 했다. "혜원아~~~ 했니?"라며 끝말을 올리는 서울말은 부드럽고 이쁘게 들리기도 했다. 그런데 세련되게 느껴졌던 그 리듬감 있는 말이 이상하게 기분을 상하게 했다.

'혜원아!!'

'언니가 아니고 혜원아!!'

'내가 학년이 더 높은데 혜원아!!'

나는 또래보다 일찍 학교에 입학했다. 그래서 늘 학교 친구들이나 직장 동기들보다 한두 살이 어렸다. 그럼에도 그들과 말을 트고 지냈다. 누구도 나에게 나이가 어리면서 그네들과 맞먹는다고 타박하지 않았다. 그런데 나이는 같은데 학년이 낮은 옥희가 친구처럼 부르는 말은 영 거슬렸다. 옥희가 주인집 딸이고 내가 셋방에 살고 있다는 열등감 때문이었을까? 1학년 옥희가 번번이 2학년인 나에게 하는 말투가 거슬려 거리를 두는 수밖에 없었다. 우리 둘의 학교는 서로 반대 방향에 있었지만 등교할 때는 이름이 같은 정류장에서 버스를 타야 했다. 나는 길을 건너지 않고 옥희는 길을 건너서. 그런데도 그 집에 사는 동안 우리는 한 번도 함께 대문을 나선 적이 없었다. 마주치는 순간을 피하고. 같은 공간에 있는 시간을 피하고. 부자연스럽고 편치 않았음에도 그런 상태를 지속했다. 그 집에 사는 동안 나는 아주 편협한 아이였다.

옥희와 친했더라면 주인집의 넓은 마당에서 조금 더 자유로웠을 텐데. 마루를 공부방 삼아 큰 상 펴놓고 같이 숙제도 하고 시험공부도 했을 텐데. 캔디를 읽으며 테리우스, 앤서니를 연모하고 이라이자와 니일 남매를 흉보며 캔디를 위로했을 텐데. 은하철도 999의 슬픈 눈을 가진 메텔과 철이의 여행에 대한 상상을 나눴을 텐데. 사람들과 불편한 것을 싫어하면서도 그것을 해결하려 들기보다 피했던 내가 그곳에 있었다. 삶에서 모든 사람과 관계를 잘해야 할 필요는 없다. 관계를 지속해야 할 사람에게는 나와 상대방의 마음이 불편하지 않도록 플러스와 마이너스하며 접점을 찾는다. 그렇게 하기 위해서는 내 마음을 살피고 솔직하게 나누는 것이 필요하다. 어리기만 했던 여중생은 처음 맞닥뜨린 이 불편을 해소할 방법을 알지 못했다. 어리고 서툴러 피하는 것으로 해결했다.

얼마 전에 봉천동에 있는 한의원에 갔다가 서울로 이사와 맨 처음에 살았던 그 집을 찾아갔다. 동네는 개발되지 않았고 집은 그 자리에 대문 색만 바뀐 채 그대로 있었다. 살던 집 주위의 높은 지대에 있던 집들은 헐리고 새로운 빌라가 들어서 있었다. 아직도 내가 살던 집이 있다는 반가움과 문득 옥희의 얼굴이 떠오르며 친구처럼 지내지 못했던 그 시간이 아쉬움으로 느껴졌다. 요즘은 사람을 만나도 나이를 헤아리지도 밝히지도 않는다. 나이에 한정된 삶을 살고 싶지 않은 이유가 첫 번째이고 젊은 사람들과 어울리며 불편함을 주고 싶지 않기 때문이다. 나

이를 의식하지 않고 서로를 편안하게 느끼며 소통할 수
있다면 그것이 최상의 관계가 아니겠는가.

　　너무 오랜 시간이 지났지만, 다시 만날 수 있다면 좋
은 친구로 지내자는 말을 건네고 싶다. 옥희야, 건강하게
잘 지내고 있는 거지!!

건네지 못한 감사

"홍콩 살아보는 거 어때?

회사에서 주재원 제의가 들어왔어."

남편의 말에 1초의 망설임도 없이 가겠다고 했다. 솔직히 난 삼엽충 화석 같은 사람이었다. 실행력은 일도 없는 사람 말이다. 그런데 신기하게 중대한 해외살이 결정은 어렵지 않았다. 빨리 집을 구해야 한다는 남편의 재촉에 홍콩에 가서 볼 수 있는 집을 미리 정하고 비행기를 예약했다.

홍콩에 도착하자 한국과 공기가 다름을 확연하게 느꼈는데 집의 구조도 매우 달랐다. 우리나라에서 멀지 않은 홍콩이지만 사는 모습이 아주 다르다고 생각했다. 그리고 집을 보러 다닐 때마다 창문 없는 비좁은 공간이 눈에 띄어 중개업자에게 어떻게 사용되는 공간인지 물어보니 아줌마 방으로 많이 사용한다고 했다. 그러고 보니 홍콩에 살았던 친구가 필리핀 아줌마를 고용해 집안일과 육아 도움을 받는다고 말했던 게 기억났다.

'아 그렇구나!… 그런데 저렇게 작은 방을 사람이 사용한다고?'

방이 너무 작고 불편해 보여 내가 만약 아줌마의 도움을 받게 되면 저런 방을 사용하라 하진 말아야지 생각했다.

홍콩에서 살기 시작하면서 지인들의 아줌마를 자주 만날 수 있었는데 지켜보니 좋은 분이 많았고 고용한 사람들의 만족도가 높았다. 그렇지만 낯선 사람과 함께 살고, 누군가에게 도움을 요청하기가 어려워 아줌마를 고용하는 일은 고민이 되었다. 하지만 셋째를 임신하자 도움이 절실해졌다. 타국 생활에서도 남편은 바빴고 주변에 도움을 줄 수 있는 가족이 전혀 없었기에 사람을 뽑겠다는 공지 글을 올렸다. 예상보다 많은 사람에게 연락이 왔다. 그런데 면접을 하면 할수록 결정이 어려웠다. 너무 어린 사람은 육아 경험이 없었고 필리핀에서 의사였다는 지원자는 똑똑하고 깔끔해 보이는 인상이지만 집안일은 서투를까 염려되었다. 이런저런 이유로 결정하지 못하고 있을 때 디바인을 만났다. 나보다 나이가 열 살 넘게 많은 디바인은 한 집에서만 십 년 넘게 일했고 주일 예배 때문에 일요일은 꼭 쉬어야 하고 한국 음식은 입맛에 맞지 않아 본인의 식사는 만들어 먹고 싶다고 했다. 의사 표현이 명확하지 않던 다른 면접자들에 비해 디바인은 자기 의사가 확실했다. 게다가 지난 고용주 아이들과 여전히 소식을 주고받을 정도로 사이가 좋다는 점이 마음에 들어 그녀를 고용하기로 했다.

디바인이 우리 집에 처음 온 날 그녀의 짐은 간소했다. 방이 여유롭지 않아 아이들 장난감 방을 사용해도 괜찮겠냐고 물었는데 흔쾌히 알았다고 했다.

난생처음으로 모르는 사람과 살게 되었다. 낯선 사람과 24시간 함께 살면 불편하지 않을까 했던 염려는 식사 때마다 음식을 도와주고, 치워주고, 정리해 주고 아이들을 샤워시키고, 놀이터에 갈 때마다 함께 해주는 그녀의 도움에 서서히 잊히고 있었다. 그러던 어느 날 메이드 고용 경험이 많은 홍콩 지인이 우리 집에 놀러 오게 되었다. 디바인의 일하는 모습을 지켜본 그들은 경력이 있어 집안일이 빠르긴 한데 내가 원하는 스타일대로 하지 않고 본인이 원하는 대로 하는 고집이 있어 보인다고 했다. 게다가 본인 음식을 만들어 먹느라 주방에서 많은 시간을 보내 정작 도움이 필요할 땐 받기 어려울 때가 많을 것 같단다. 주말에도 회사를 나가야 할 정도로 바쁜 남편이라 가끔 도움이 필요할 때 추가 근무도 해달라는 이야기도 고용 전에 해야 했는데 말하지 못한 점도 걱정했다. 지인들의 이야기를 듣고 나니 내가 원하는 것은 하나도 정해놓지 않고 너무 쉽게 그녀와 살기로 했나 싶어 마음이 복잡했다. 사람 마음은 참 간사하다. 이런 마음이 들자마자 그녀가 음식을 만들 때마다 집안 가득 풍기는 냄새가 싫어졌고 그때마다 아이들까지 울며 매달리고 징징거리는 듯했다.

    남편이 출장으로 없던 어느 주말. 장염에 걸린 두 아

이가 밤새 토해 밤을 지새워 너무 지쳐 조심스럽게 그녀에게 일요일 근무를 부탁해 보았다.

그런데 그녀는 일 초의 망설임도 없이 교회에 가야한다며 아침 일찍 집을 나섰다. 그때 그녀가 얼마나 매몰차 보이던지… 그날 일요일은 어떤 정신으로 보냈는지 기억조차 안 난다. 그날 디바인은 평상시보다 조금 일찍 집으로 돌아와 내가 못다 한 설거지를 도와주고 집안 곳곳을 정리해 주었다. 하지만 몸과 마음이 지쳐 속까지 좁아져 있어 어떤 고마움도 표현하지 않았다.

그러던 어느 날 한국에서 손님이 우리 집을 방문하게되었다. 며칠 동안 있을 예정이었기에 방이 필요했다. 어쩔 수 없이 창문 없는 방을 그녀에게 사용하면 어떻겠냐고 물어보자 흔쾌히 알았다고 했다. 그녀에게 고마웠지만내 마음이 불편했다. 이런저런 상황 때문이라 할지라도결국 하지 않겠다고 한 그 일을 하는 고용주가 되고 말았으니 말이다.

지나고 보니 낯선 나라, 낯선 땅, 낯선 그녀에게 많은 도움을 받았던 시절이다. 가족의 도움을 받기 어려운 타국 생활에서 그녀를 많이 의지했다. 나 하나도 챙기기 어려운 사람이 아이 셋을 키우려니 늘 정신이 나가 있는 듯 하루가 힘겨웠다. 하지만 그녀 덕분에 초보 엄마로 당황하게 되는 고비마다 담담히 넘어갈 수 있었다. 지나고 나서야 얼마나 감사한 일이었는지 깨닫는다.

함께 하는 동안엔 고용주, 고용인의 관계였지만 친밀한 관계로 지냈음을 느낄 수 있었다. 그런 그녀의 고마움이 종종 떠올라 헤어질 때조차 표현하지 못한 마음을 뒤늦게 전하려 한다.

"그때 창문 없는 방을 쓰게 해서 미안했어요. 당신의 도움 덕분에 아이들이 잘 컸어요. 함께 하는 동안 고마웠어요."

나의 눈빛만으로도 상황을 알아차려 주던 디바인의 따스한 배려를 생각하면 나도 누군가에게 그런 고마운 사람으로 기억되고 싶다.

영등포 노스탤지어

영화 티켓 두 장이 생겼다. 맥주도 마시고 샌드위치도 제공되는 프리미엄 티켓이라 소중한 사람과 가려고 아껴두었다. 차일피일하다 보니 결국 당일이 되었고 마음만 초조해졌다. 어쩔 수 없이 서울 사는 친구에게 전화했다. 중년 남자 둘이 영화관 가는 불상사는 만들고 싶지 않았는데, 결국 친구를 태우고 영등포로 향했다. 우리가 주름잡던 영등포가 어떻게 변했을지 궁금해진다. 공장지대로 즐비했던 신도림, 문래동, 이제는 높은 건물들이 우리를 내려본다.

타임스퀘어 건물에 차를 주차하고 엘리베이터를 탔다. 별거 없던 영등포에 이렇게 휘황찬란한 건물이 들어선 것만 해도 커다란 세월의 틈이 다가왔다. 우리가 누비고 다녔던 골목이 건물 안으로 다 들어온 것만 같았다. 더 세련되고, 깨끗하고, 접근하기 좋아졌지만, 이런 공간은 아직도 낯설고 어색하다. 층마다 쇼핑 거리, 먹거리가 가득했고, 만화방 피시방 노래방들이 자리 잡았지만, 그때 시절의 촌스러운 감성이 없다. 내 기억 속의 영등포는 냄새나는 골목 골목을 다니며 사람들과 부대끼는 그런 맛이 있어야 했다.

타임스퀘어보다는 나가서 먹기로 했다. 오랜만에 친구와 골목을 걷고, 건널목을 건넜다. 회색 긴 코트를 걸치고 흰색 프로스펙스 농구화에 검정 추리닝으로 돌아다니던 그곳을 다시 걸었다. 엄청난 변화 때문에 길조차 헷갈리지만, 네이버 지도란 문명의 도움을 빌려 무사히 따라 걸었다. 아날로그 시절에는 어떻게 길 찾아다녔을까?

작은 식당에 자리를 잡고 순두부찌개를 먹으며 옛날 이야기로 꽃을 피웠다. 언제나 마음만 먹으면 나올 수 있는 영등포가 이렇게 멀게만 느껴질 줄 몰랐다. 친구와 나오는 것은 더 어려워졌다. 30년 만에 이런 시간을 가질 수 있음에 감사함마저 들었다. 식사를 마치고 다시 타임스퀘어로 돌아왔다. 미로처럼 뻗은 에스컬레이터를 타고 멀티

플렉스 영화관에 오르자니 그때 시절 홍콩 영화가 떠오른다. 백화점에서 총격전이 벌어지는 그런 느낌의 홍콩 르와르 말이다. 층층이 이름 모를 브랜드가 즐비하게 늘어서 있다. 백화점 브랜드마저도 이젠 우리가 알 수 없단 말인가?

저 건너에 그 유명했던 금강제화가 보인다. 구두 상품권이 생기면 저기를 찾아가곤 했다. 뗏목 광고로 유명하던 랜드로바를 사기 위해 영등포에 나갔다. 영에이지와 랜드로버를 사이에 두고 무척 갈등했다. 튼튼하기로는 랜드로버라고 했지만 내게는 영에이지가 더 감각적으로 다가왔다. 끈이 있는 것이 좋을까, 없는 것이 좋을까? 학생이라면 끈 달린 것이 원칙 같았는데, 그때는 학생처럼 보이고 싶지 않았다. 조금이라도 나이 들어 보이게 하고 싶은 그 마음을 어이한단 말인가.

영등포 역사 앞에 넓은 광장이 있던 시절, 삼거리에서 영등포 시장으로 이어지는 도로와 지하상가는 명동을 뺨치는 번화가였다. 짐을 나르는 자전거와 지게꾼으로 가득했고, 각종 수입 제품, 가방, 액세서리, 사진, 도장, 먹거리들이 인도를 채웠다. 신세계 백화점이 버티고 있어 나름의 구색을 갖춘 80년대 영등포가 기억난다. 어깨를 부딪치지 않고 걷기가 불가능했던 인도는 이제 잘 정리된 모습이다. 친구들과 저렴한 옷을 사기 위해 영등포 지하상가를 기웃기웃했던 적이 있다. 좀 더 세련된 것을 추구하는 친구들은 이대 앞까지 나가곤 했다. 아무래도 젊은 이들이 많이 모이는 신촌에 비해 영등포는 구식으로 보이긴 했다. 그래도 나는 영등포가 여러모로 편했다.

80년 후반부터 과외 금지를 뚫고 영등포에 학원이 생겨나기 시작했다. 새벽 영어 수업을 위해 영등포로 가는 버스에 몸을 실었다. 방학이 되면 저녁 반 수업을 듣고 영등포를 자주 돌아다녔다. 공부를 핑계로 영등포와 더 친해졌다. 영등포 시장에서 로터리로 이어지는 시장 도로는 우리 문화의 산실이었다. 크고 작은 극장들이 양쪽으로 우리를 반겼다. 그 극장에서 영웅본색 시리즈를 봤고 천녀유혼에 빠져들었다. 장국영과 유덕화를 신봉했고, 주윤발과 왕조현을 추앙했다. 다이하드의 브루스 윌리스의 액션에 감탄하던 곳이다. 그곳에서 수많은 미팅을 했고, 파트너가 된 여학생과 지하상가를 걸어 영등포역까지 바래다주곤 했다.

영등포 역사가 보이는 건너편 이층에 카페가 있었다. 다방도 아니고 카페도 아닌 그때는 이름에 맞게 딱 커피숍이었다. 찻잔과 받침에는 '약속'이라는 이름이 희미하게 새겨져 있었을 것이다. 커피가 나오기 전에는 따뜻한 물도 서비스되었다. 20원을 넣고 전화 걸던 빛바랜 주황색 공중 전화기가 입구에 있었다. 누군가를 기다린다면 사장님의 외침을 잘 들어야 했다. 거기서 영등포역사를 보며 누군가를 기다렸다. 그때, 나이 지긋한 할아버지가 작은 수첩을 테이블 위에 올려놨다. 관상 비법서 정도라고 할까? 할아버지는 책 팔려고 하는 말이 아니라며 내관상이 좋다고 했다. 보통 전래동화에서는 지나가는 도사가 신선이 아니던가? 무료였지만 그때 할아버지, 아니 도사의 말씀을 그대로 믿기로 했다. 가끔 영등포를 지나다보면 지금은 없어진 그 커피숍, 그 도사님이 생각난다.

영등포 역사 건너편 오른쪽은 기역, 니은, 시옷 모양의 먹자골목이 자리했다. 미로 같은 골목을 들어서면 감자탕, 순댓국, 족발, 닭갈비 같은 서민 음식들이 사람을 반겼다. 종로에 피맛골이 있다면 영등포에는 이런 먹자골목이 있었다. 그 복잡한 골목을 다 외우고 다녔을 정도로 영등포는 친근했다. 명동은 너무 멀었고 여의도는 볼 게 없었다.

헤비메탈 음악이 전성기를 구가하던 그 시절, 영등포에는 뮤직비디오를 전문적으로 틀어 주는 커피숍이 많았다. 마을버스 타고 가던 개봉동 뮤직카페와는 차원이 달랐다. 커피 하나를 시키고 죽치고 앉아 메탈리카, 조지 오스본, 건스 앤 로지스를 봤다. 십 대라면 하드락 정도는 기본으로 몇 곡 들어 줘야 했다. 영등포가 싫증 나면 여의도 광장으로 걸어갔다. 여의도 광장은 서울에서 자전거와 롤러스케이트를 탈 수 있는 가장 큰 놀이터였다. 햇빛을 피할 곳 없는 넓은 광장이었지만, 이유를 알 수 없는 자유로움이 좋았다. 한강으로 갈라 우리는 남쪽이었고, 한강대교를 중심으로 강남과 강서가 구분됐다. 강서에서 최고의 번화가는 단연 영등포였다.

영등포 노스텔지어에 빠져 있던 것도 잠시, 영화가 시작되었다. 그때의 날씬한 모습은 어디 가고 주름진 얼굴에 머리숱 부족한 중년 둘이 앉아 있다. 예상했던 대로 우리모습이 별로라는 데 동의했다. 다시는 이런 조합으로 영화관 오지 말자고 다짐했다. 아이들 데리고 와도 전혀 이상할 것 같지 않은 우리가 술집도 아니고 카페도 아닌 영화관이라니. 누가 보면 영화나 극장 관계자로 보지 않았을까? 그래도 영화보다 영등포의 추억이 좋았던 하루였다.

눈 내리던 날의
국어 선생님

새벽부터 한두 송이씩 눈이 흩날렸다. 호불면 입김이 나고 금세 얼굴이 꽁꽁 얼어붙어 버리는 추운 날이었지만 나는 새벽같이 일어나 출근 준비를 했다. 좀처럼 하지 않는 화장도 하고, 단정하게 옷도 신경 써서 입었다. 뉴욕 롱아일랜드 기숙사에 살던, 2009년 12월 어느 토요일 아침이었다.

한국에서 교사를 휴직하고 미국에 온 지 일 년인가 지났을 때, 뜻밖에 일할 기회가 찾아왔다. 비록 일주일에 한 번이었지만 가르치고 싶고 교실이 그리웠던 나에게 참으로 소중한 기회였다. 뉴저지에 있던 한국학교의 교사가 된 것이다. 한국의 교직 호봉으로도 인정이 되는, 여러모로 알찬 기회였다. 국어를 다시 가르칠 수 있다는 것도,

박봉의 남편 월급에 적게나마 도움이 될 수 있는 것도 좋았다. 그러나 가장 좋았던 것은 다만 몇 시간이라도 나만의 시간 나만의 자유를 얻을 수 있다는 사실이었다.

토요일 낮에 남편이 겨우 쉴 수 있게 되자 아이를 맡기고 나는 뉴저지로 출근을 하기 시작했다. 이른 아침 아직 단잠에 빠진 남편과 아이를 두고 집을 나선다. 롱아일랜드에서 뉴저지 안쪽까지 가는 것은 쉬운 일이 아니었다. 차로 한 시간 반, 왕복 세 시간이 넘는 길이었다. 하지만 나는 그 시간이 좋았다. 음악을 크게 틀고 흥얼거리며 그 순간을 온전히 즐겼다. 학교에 도착하면, 아이들이 '선생님, 선생님' 하며 달라붙어 귀찮도록 말을 걸었고, 나는 진이 빠지도록 수업했다. 나 자신으로 돌아간 시간은 힘들지만 행복했고, 남이 해주는 점심은 무엇이든 맛있었다. 까탈스러운 세 살짜리 아들이 아빠와 잘 있을지 살짝 걱정도 되었지만, 어깨에서 무거운 짐을 잠시 내려놓은 것 같아 그저 즐기고 싶은 마음이 더 컸다.

오후가 되어가자 눈발은 점점 거세졌다. 창밖으로 보

이는 세상은 온통 하얬다. 바람 소리가 매서웠다. 하지만 밖이 추울수록 실내는 더 따뜻했다. 교실은 안락했고, 눈 내리는 뉴저지의 어느 마을은 제법 크리스마스 분위기가 났다. 그러나 마냥 즐길 수만은 없었다. 퇴근 시간이 다가오고 있었기 때문이었다. 길이 미끄러우니 웬만하면 집이 있는 롱아일랜드로 건너가지 말라고 선생님들이 말렸다. 하지만 그럴 순 없는 노릇이었다. 저녁이 되면 남편은 일하러 가야 했다. 어두워지기 전 한시라도 빨리 가야 했기에 조급하게 운전을 시작했다.

조지워싱턴 다리를 지나는 길목은 이미 뉴저지를 빠져나가려는 차들로 가득했다. 움직일 기미조차 보이지 않았다. 롱아일랜드는커녕 뉴저지를 빠져나가는 데만도 이미 한 시간이 넘게 소요되었다. 못해도 두세 시간은 더 걸릴 것 같았다. 남편은 초조한지 자꾸 전화를 했다. '조심해서 오라'면서도 자신의 당직 시간이 걱정되는 듯했다. 그러나 차는 꽉 막혀서 움직일 생각을 하지 않았다. 차창에 끊임없이 내려앉는 흰 눈은 아무리 와이퍼를 작동시켜도 사라지지 않았다. 걱정스럽게 눈을 바라보다 나는 크게 숨을 내쉬었다.

　에라 모르겠다. 어떻게든 되겠지.

　CD를 틀었다. uptown girl. '웨스트라이프'의 노래. 특별한 인연의 첫 제자가 주었던 CD였다. 경쾌하고도 아련한 노랫소리가 차 안에 가득 찼다. 볼륨을 올렸다. 꽉 막힌 도로에서 나는 차창을 열고 고개를 들어 하늘을 올려다보았다. 눈이 시렸다. 눈 내리는 뉴욕의 하늘. 흰 눈은 그토록 펑펑 나를 향해 내리고 있었다. 순간 눈을 감았다. 마음이 아득해졌다. 집에서 나를 기다리고 있을 남편도 아이도 아무 생각도 나지 않았다. 나는 아이 엄마도, 아내도, 주부도 아니었다. 그저 눈을 느끼고, 세상의 모든 눈을 마음에 간직하는 그저 나 자신이었다. 깊은 행복이 마음 가득 흰 눈을 타고 내려왔다.

　안타깝게도 한국 학교 근무는 불과 한 학기로 막을 내렸다. 남편이 더 이상 아이를 봐줄 수가 없었고, 누구에게 아이를 맡길 형편도 안 되었기 때문이었다. 하지만 나는 그 짧은 기간의 출근을 잊지 못한다. 힘들었던 뉴욕 생활에서 유일하게 자유를 느꼈던 시간이었고, 다시 국어 교사로 돌아갈 수 있게 해 준 시간이었기에. 휴직은 벌써 4년 차로 들어서고 있었고, 몸과 마음은 육아와 이민 생활로 녹초가 되어가고 있을 때였다. 일주일에 한 번씩 아이들에게 국어를 가르치는 시간. 한 시간 넘게 운전을 해서 아이들을 가르치고 오면 집안은 초토화되어 있고, 남편과 아이를 거둬 먹이느라 정신이 없었다. 언제 한국에 돌아갈지도, 언제 다시 교편을 잡을지도, 이곳에 자리를 잡을지도, 모든 게 까마득하고 불투명한 시기였다. 그러나, 그럼에도 불구하고, 난 매일매일 생각했다.

'나는 국어 교사다!'

'나는 순수한 우리말을, 우리글을, 우리 문학을, 아이들에게 가르치고 전수하는 국어 교사다!'

그리고 그것은 휴직 4년 차였던 그때도, 퇴직 교사인 지금도 내 인생의 정체성이다. 그 마음 덕분에 지금도 글을 쓰고 책을 읽는다. 그 이후 많은 한국학교와 한글학교에서 교사를 했지만, 대부분 한국어와 한글을 가르치는 개념이었기에 제대로 '국어 과목'을 가르친 것은 그때가 마지막이었다. 그래서 더욱 특별한 시간이었다. 이후 감사하게도 강사로서 다시 국어와 문학을 나누는 삶을 누리게 되었지만, 아이들과 교실에서 있던 시간은 여전히 그리운 추억이다.

지금도 나는 그날을 기억한다. 눈이 오던 조지워싱턴 다리. 그날의 초조했던 마음. 그날의 설렜던 마음. 오직 흰 눈만 가득하던 그날의 하늘을. 눈이 시려 마음이 아득했던 그날의 하늘을. 롱아일랜드 낡은 병원 기숙사로 돌아가던 나의 고단하고 행복했던 마음을.

노을 속에 오는 아빠

우리 동네 마트는 오픈 1주년 할인 행사가 한창이다. 오늘 날짜 세일 품목은 돼지고기와 포도다. 다섯 송이짜리 샤인머스캣 한 상자가 만원이다. 돼지고기 600그램을 구입하는 손님은 얇게 저민 소고기 한 팩도 오천 원에 살 수 있다. 두 팩이면 만원. 와 대박! 아들과 남편 몫으로 몇 팩을 챙긴 후 이것저것 세일하는 식재료를 샀다. 그때 통통한 여덟 개의 손만두가 눈에 띈다. 만둣국이 먹고 싶었는데 마침 잘됐다. 만두를 보니 마음속에서 누군가의 얼굴이 목울대를 치고 올라온다.

십 년 전 돌아가신 아빠. 삼 남매 중 유일하게 나만 아빠라 불렀다. 남동생들은 코 밑이 거뭇해지자마자 아버지라 불렀는데 난 결혼하고 아이를 낳고, 심지어 손주를 볼 때까지도 아빠라고 불렀다. 아빠를 아버지라고 부르면 우리 아빠가 남의 아버지가 되는 것처럼 섭섭한 생각이

들었달까.

돌아가신 아빠는 여태껏 내가 본 어떤 사람보다 정갈하고 꼼꼼하고 세심한 분이다.

본가에서는 명절 때마다, 또는 불현듯 만두를 먹고 싶은 날은 온 가족이 모여 만두를 빚었다. 엄마와 삼 남매가 조물조물 만두를 만들어 쟁반 위에 나란히 세워놓으면 가만히 신문을 보고 계시던 아빠는 보시던 신문을 착착 개 놓고 팔을 걷어붙였다.

"자, 시작해 볼까?"

흠흠 헛기침을 한 후에 일 센티도 틀리지 않게 찜기에 일렬로 세워서 쪄내고 또 쪄냈다.

우린 공장에서 줄줄이 나오는 만두를 바라보듯 입을 떡 벌리고 아빠의 만두 찌는 기술에 감탄한다. 갓 쪄낸 만두는 김이 펄펄 나고 손댈 수 없이 뜨거웠다. 그런데도 아빠는 능숙하게 하나하나 꺼내 접시에 담고 우린 만두를 양손으로 이리저리 옮겨가며 볼이 터지게 입속으로 욱여넣었다. 그때를 떠올릴라치면 자동으로 파블로프의 개가 되어 주르륵 침이 고인다. 어쩜 어느 것 하나 서로 붙지도

250

않고 터지지도 않게 딱 맞게 쪄내시는지! 누구도 아빠의 솜씨를 따라갈 수 없었다. 아빠가 외출할 때는 엄마가 만두를 찌는데 여기저기 터져 좀체 멀쩡한 것을 구경할 수 없었다. 직접 해보신 엄마와 우리들은 어떻게 하면 아빠처럼 정확하게 만두를 찔 수 있는지 의아할 뿐이었다.

그러고 보니 우리를 향한 아빠의 애정이 찜기 속 만두 같다. 물이 끓고 증기가 골고루 지나다니며 속 재료를 익히듯 겉으로 드러나지 않는 사랑. 예전엔 그걸 원망하기도 했었다. 만져지지 않는 건 없는 거나 마찬가지라고 생각했으니까. 말 없는 아빠를 답답하게만 여겼다. 아빠의 숨겨진 진심을 알기까지는 많은 시간이 필요했다. 아빠도 부모님께 세심한 사랑을 받아보지 못했기에 자식들에게 어떻게 마음을 전달해야 할지 몰랐을 것이다. 우리가 진학 때문에 고민하거나 새로운 도전을 할 때도 아빠는 감정을 드러내지 않으셨다. 그저 우리 모르게 힘을 싣고 밀어주기만 하셨다. 그것도 사실은 나중에 엄마로부터 전해 들은 내용이다.

그런 아빠께 우리는 진중함과 인내심, 그리고 차분함과 추진력을 물려받았다. 하나도 터뜨리지 않고 쪄내는 만두의 달인처럼 우리 삼 남매의 삶에 따끈한 애정의 수증기를 골고루 나눠주신 것이다.

유독 가을이면 아빠 생각이 난다.

낙엽이 흩날리고 소슬바람이 얼굴을 간지럽히면 자동으로 재생되는 내 뿌리. 아빠의 넓은 등과 보일 듯 말 듯한 미소로 손녀들을 바라보는 얼굴이 생각난다. 가을 하늘 멀리서 아스라이 번져오는 노을과 양수리를 휘돌아 펼쳐진 강.

그곳에서 아빠의 애정과 보살핌 덕분에 잘 자란 우리 딸들의 토실한 얼굴도 그립다. 큰손녀의 부탁으로 찰랑찰랑 넘치게 타다 주셨던 커피. 큰딸은 할아버지의 커피 맛으로 어른이 되었다고 말한다. 아빠의 기일이 있는 가을은 아름답고 아픈 계절이다.

호프 에덜먼의 『슬픔 이후의 슬픔』에는 애도의 여러 가지 형태가 나온다. 나도 순환형 애도를 겪고 있는 것이

분명하다. 4월이 되면 봄꽃처럼 엄마 생각이 흩날린다든지, 가을이 되면 노을 속에서 아빠의 모습이 겹쳐는 걸 보면 그렇다. 그러나 그런 것들이 상실이나 슬픔의 가중만을 의미하는 건 아니다. 이 기억이 '남아있는 사랑'을 다시 한번 상기시킨다. 그래서 소중하고 귀하다. 매번 가을이 되면 다시 아빠를 그리워하겠지만 그게 내 삶의 동력이 된다.

——— 뜨끈한 떡만둣국 한술을 떠서
——— 배고픔이 숨기지 못한 보고픔을 함께 삼킨다.
——— 역시 맛있다.

종일을 마루에 걸터앉은 할아버지는
심심한 줄도 모르고
혼자 연신 벌쭉벌쭉 웃는다

– 장석주 '봄'에서

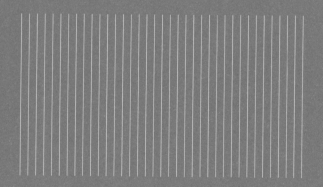

나를 깨운 재봉틀

저 보라색 천은 미니스커트를 만들어 입으면 이쁘겠다. 그 옆의 꽃무늬 천은 꽃무늬를 스커트의 끝단에 놓으면 세련된 느낌이 들겠다. 저 옷감은 플레어 스타일의 원피스면 좋겠다. 양장점 친구 집에 놀러 가면 형형색색의 다양한 무늬 천으로 옷을 만드는 상상을 했다. 양장점 두 벽면에는 여러 가지 텍스타일 디자인의 옷감들이 줄지어 걸려 있었다. 새로운 디자인의 원단이 들어오면 양장점은 한동안 부둣가 술집에서 일하는 색시들로 북적였다. 세련된 옷감이 팔려 벽에서 내려지면 자투리 천을 얻을 수 있어 좋았다. 양장점 친구와는 종이 인형 놀이를 하며 천 조각으로 종이 인형의 이불과 요, 베개를 만들었다. 잘 갈린 재단 가위로 자투리 천을 쓱 자른다. 다양한 색과 디자인의 천들이 소꿉장난 바구니에 쌓일수록 상상 속에서 만들어야 할 옷들도 늘어갔다.

국민학생 때 엄마는 소풍 갈 때면 늘 새 옷을 만들어 주셨다. 엄마가 직접 만들어 준 옷은 남들과 같지 않으면서 세련되었다. 내가 입은 새 옷을 보고 동네 아주머니들도 엄마의 솜씨를 칭찬하셨다. 가끔은 옷 가게에서 파는 친구들과 비슷한 옷을 입고 싶기도 했다. 팔이 나풀거리는 레이스 옷도 입고 싶었으나 엄마는 단순하고 단정한 옷을 좋아하셨다. 원단의 디자인뿐만 아니라 종류도 신경을 많이 쓰셨다. 피부에 직접 닿는 옷감은 천연 섬유만 고집하셨다. 나일론이 한창 유행하던 시기에도 겨울에 빨간 내복을 입어본 적이 없다. 그토록 소원했건만 엄마는 피부에 좋지 않다는 이유로 순면으로 된, 카키 브라운 내복만을 고집하셨다. 어른이 되면 내가 좋아하는 디자인으로 옷을 만들어 입고 엄마처럼 내 아이들 옷도 만들어 주는 사람이고 싶었다.

결혼 후 직장을 그만두고 아이를 갖기까지 복장 학원에서 홈패션을 배웠다. 아이를 갖게 되면 아이의 침구류도 만들고 집안을 꾸며보자는 심산이었다. 재봉틀 바늘에 손가락을 찔리기도 하면서 식탁보, 커튼, 침대 커버를 만들었다. 직접 사는 것보다 돈과 시간은 더 들었지만, 창조의 기쁨이 모든 수고로움을 덜어주었다. 섬세한 박음질이 가능해지면서 옷을 만들고 싶어졌다. 어렸을 적 양장점에서 옷감을 보며 상상했던 일을 직접 해보고 싶었다. 여의도에 있는 동아일보 문화센터에 등록하고, 유명 브랜드의 재봉틀을 사고 인체 사이즈를 재는 것부터 하나씩 배워나갔다.

광장시장에서 고급 자투리 천을 싼값에 사서 바지와 치마, 원피스 등도 만들었다. 좋은 면을 보면 잠옷을 디자인했다. 동대문 시장이나 광장시장을 다니며 옷 만드는 데 필요한 부자재들을 구경하는 재미도 쏠쏠했다. 경제적인 측면을 보자면 옷을 직접 만들어 입는 것은 좋은 선택이 아니었다. 텍스타일 디자인이 맘에 드는 고급 원단은 가격이 비쌌지만, 원단을 보는 높은 안목은 좀처럼 타협하지 못했다. 거기에 옷을 만드는 시간까지 합치면 그 비용은 백화점에서 사는 옷값보다 훨씬 더 비쌌다. 그러면서도 내가 생각한 디자인의 옷을 만든다는 만족감에 멈추지 못했다.

아이를 갖고 임신 초기에 아이들의 침구를 부지런히 준비했다. 성별을 알 수 없어 핑크, 블루 두 세트에 목화솜을 넣어 만들었다. 종이 기저귀를 쓰지 않으려고 기저귀 천을 사서 모두 감침질을 했다.

'아이가 태어나면 예쁜 옷을 만들어 주리라.'

첫아이가 태어나고 엄마가 되어가는 길을 하나씩 배워야 했다. 둘째 딸아이가 태어나 더 바빠진 와중에 나는 다시 옷을 만들고 싶어졌다. 엄마에게 아이들을 맡기고 옷감을 사 오고 아이들이 자는 시간에 재단하고 재봉틀을 밟았다. 아이와 그림책을 늦게까지 읽을 때는 완성을 앞둔 옷이 생각나서 책 읽기에 집중하지 못했다. 아이가 잠든 것 같아 빠져나가려고 하면 아이는 잠결에도 내 손을 잡아당겼다.

크기가 작은 아이 옷을 만드는 것은 세심함이 더 필요했다. 꼼꼼한 성격에 박음선이 조금만 비뚤어져도 뜯고 다시 박았다. 밤을 꼬박 새우는 것은 무리가 되기에 아이들이 깨기 전에 잠들려 했지만 완성하고 싶은 마음에 쉽지 않았다. 밤새워 완성하지 못했을 때는 아이들 눈치를 보며 낮에 틈틈이 마무리할 시간을 살폈다. 그러는 동안 아이들에게 마음을 다하지 못했다. 점차 쌓인 피로에 아이들의 작은 잘못에도 너그럽지 못하고 짜증과 화가 올라오는 나를 발견했다.

'어어… 이건 아닌데….'

아이들에게 어울리는 옷을 직접 만들어 입히는 것이 아이들을 찐 사랑하는 마음이라고 생각했다. 옷 만드는 일에 집중이 되니 아이들과 함께 있는 시간에 충실하지 못했다.

'내 잘못된 판단으로 아이들을
불안하게 하고 있구나….'
'이건 진정으로 아이들을 위한 것이 아니야.
내 만족을 위한 거였어.'
'아이들을 위하는 본질적인 것은 뭐지?'
'아이에게도 내게도 모두 좋은 것은 무엇일까?'

이런 질문을 하며 내가 어떤 사람인지, 무엇을 원하는지를 생각했다. 나는 지금 바로 여기에서 아이들과 행복하기를 원하는 사람이었다. 옷의 디자인과 옷감의 색깔을 생각하는 시간, 시장에 가서 원단과 부자재를 사는 시간 모두 즐거웠다. 내가 상상했던 옷을 디자인하고 재봉틀을 밟고 어울리는 단추를 다는 시간 역시 잠을 자지 못해도 기쁨이 있었다. 어렸을 적 양장점에서 수없이 머릿속으로 동경하며 그렸던 그 일들을 내가 하고 있었다. 하지만 그 밤의 달콤하고 행복한 시간은 낮에 아이들에게 엄마의 일관되지 못한 행동으로 불안감을 주었다. 아이들이 자라고 있는 이 시간은 절대 다시 오지 않는다. 아이들이 성장하는 시간을 미룰 수도 없다. 아이들의 성장에 맞춰 아이들에게도 나에게도 의미 있고 즐거운 시간이어야 한다고 생각했다. 하여 아쉬움은 크지만, 아이들이 성장할 때까지 나만의 기쁨을 잠시 유보하기로 했다.

결단을 내리니 미련이 남지 않았다. 하고 싶었던 것을 충분히 경험했고, 엄마로서 아이들에 대한 책임의 무게를 느꼈기 때문이다. 재봉틀과 함께했던 그 시간은 내가 진정으로 원하는 것이 무엇인지 찾을 수 있게 했다. 그때의 일을 계기로 현재 하는 일들의 방향성과 영향을 스스로에게 자주 질문하는 사람이 되었다.

——— 한동안 함께 밤을 지새우며

——— 달리던 재봉틀은

——— 지금의 길로 나를 인도한 후

——— 아직 깊은 잠을 자고 있다.

꿈꾸는 키오스크

드디어 나의 키오스크가 만들어졌다. 혼자 앉아서 무언가 할 수 있는 나만의 공간, 언제나 갖고 싶었는데 그 소원을 이룬 것이다.

아네테 멜레세 작가 그림책 『키오스크』에서 올가의 키오스크는 아주 작은 가판대이지만, 그 안에서 벌어지는 여행의 여정이 좋아 보였다. 올가의 키오스크는 올가의 인생이다. 도시에서 익숙하고 반복적으로 매일의 일상이 벌어진다. 어느 날, 뜻밖의 사건으로 올가의 세상이 뒤집힌다. 키오스크가 강물에 빠져 바다까지 간다. 올가는 해변에서 아이스크림을 팔며 저녁이면 황홀한 저녁 석양을 그녀만의 키오스크 안에서 바라본다. 그런 올가의 모습은 행복해 보인다. 올가처럼 나도 나만의 키오스크가 필요함을 느꼈던 순간이다. 나에게도 올가처럼, 작지만 황홀한 키오스크가 필요했다.

2023년도 새해를 맞이하며 거실의 대대적인 청소가 이루어졌다. 낡은 소파는 버리고 뒤죽박죽 쌓여있던 책들과 장난감들을 깔끔히 정리했다. 그러던 어느 날 친구가 자신이 처분할 책상 사진 하나를 보내왔다. 쓸 생각이 있는지 내게 물었다. 깨끗한 책상이었고 거실에 두기에 크기도 적당했다. 나는 흔쾌히 가지고 온다고 하였다. 책상 놓을 공간이 만들어지면서 안정적인 거실 구조가 완성되었다. 책상 위에 달력, 책, 노트북을 놓으니, 나의 작업공간으로 딱이었다. 이번 연도는 계획했던 일이 몇 가지 있기에 책상에 앉아 공부하는 척이라도 해야 한다. 결혼하고 10년 만에 갖게 된 나의 책상이다. 그냥 인터넷 검색하면서 빈둥거리는 것이 아닌 진짜 공부를 하는, 나의 진지한 자리가 되었다. 책이 한두 권 계속 쌓인다. 볼 것과 계획하는 것이 많아진다.

수학과 출신인 나는 올해부터 수학을 다시 가르쳐 보기로 했다. 그래서 10년 동안 담쌓은 수학책을 잔뜩 사서 보기 시작했다. 안 하다가 하니 재미난 마음도 들었다. 또 하고 싶은 일이 한 가지 더 있었다. 코로나 때 집에 있으면서 취미 삼아 글쓰기 수업을 몇 번 받았다. 이 경험이 계기가 되어 눈에 띄는 글쓰기 수업을 엿보고 있던 찰나였다. 그러던 중 블로그에서 임수진 작가와 함께하는 에세이 클럽 모집이 마음에 들어 신청했다. 이렇게 나만의 키오스크에서 2023년도 수학과 글쓰기의 시작을 함께 했다. 겨울 방학 동안 친구의 딸에게 수학을 가르쳤다. 또 몇 학년을 가르칠지 모르니 미리 공부를 해두어야 했다. 주말에는 글을 두 편씩 써서 보내면 피드백을 받고, 금요일 저녁 글쓰기 수업에도 참여한다. 희망차게 시작된 이번 연도는 나의 가정주부 생활에 '별이 빛나는' 한 해의 시작이었다.

아이를 키우는데 에너지가 다 소진되어 나 자신을 위해 쏟을 에너지가 없었다. 그리고 굳이 애써 뭔가를 하지도 않았고 딱히 하고 싶은 일도 없었다. 이제 아이가 열 살이 되고 혼자 할 수 있는 일이 많아지니 자연스레 내 시간이 확보되었다. 그러면서 갖게 된 소중한 공간이다. 3월부터는 글을 쓰고 책 읽는 재미에 더 빠졌고 갖가지 작품 공모전에도 응모했다. 하지만 글쓰기를 하다 보니 수학과는 멀어져 가나 싶기도 했다. 혼자 하는 수학 공부는 금방 지쳤다. 그래서 근처 복지관에서 수학 지도사 수업을 신청해서 들었다. 예전에 글로 배웠던 수학과는 다르게 요즘에는 다양한 수학 교구들이 이용된다. 아이들의 흥미를 유발할 수 있는 요소들을 새롭게 알게 되었다. 수학과 관련된 보드게임, 소마큐브, 펜토미노, 수큐브, 패턴 블록 등 여러 가지 수학 교구를 이용한 구체적 조작 활동은 내가 다시 수학을 가르칠 수 있게 한 원동력이 되었다. 이 교구들을 활용하여 귀여운 꼬마아이 경진이에게 수학 지도를 일 년째 하고 있다.

에세이 클럽 고진나 멤버들과 함께 일주일에 한 편씩 글도 꾸준히 썼다. 그러다가 예스24 '집의 일기' 공모전에서 나와 멤버 중 두 분이 입상을 하게 되었다. 이것을 계기로 함께 '촌놈'이라는 컨셉으로 집에 관련된 글을 써보자고 뜻을 모았다. 집 에세이, 바로 지금 쓰고 있는 이 글들로 공저를 준비했다. 이 과정에서 나는 잊혔던 어린 시절의 감정과 만났다. 사춘기 시절의 나를 만나 꼬옥 안

아주었다.

　　"수고했어. 잘 견딘 네가 대견하다. 많이 외로웠지?

　　그 때 너의 마음을 외면해서 미안해."

　　부정적이고 무서웠던 경험들은 이제 '그때 그랬었지'
하며 흘려버릴 수 있었다. 현재 나의 모습, 내 희망도 마
주했다.

　　그런데 이게 또 웬일인가. 성남문화예술제 시민백일
장 공모전에 응모한 글이 덜컥 장원으로 입상하게 된 영
광을 누렸다. 이때 응모했던 글은 바로 이 책의 작가들을
만나게 된 에세이 클럽을 하면서 마지막에 썼던 '내 안의
압력밥솥'이란 글이었다. 글을 쓰는 시간 동안 난 엄마와
만났다. 그동안 엄마의 잔소리가 짜증 나게만 들려서 엄
마와 이야기하기 싫었는데 엄마를 사랑하고 있다니. 엄마
가 계속 내 옆에 있으면 좋겠다는 투정도 부려본다.

　　자꾸 만나게 되는 내 안의 나, 이래서 내가 짧은 문장
력으로 계속 글을 쓰고 있구나.

나에게 어울리는 직업과 일이라는 것은 없을 줄 알았다. 그런데 가랑비 옷 젖듯이 스며든 글쓰기와 공모전, 수학 지도를 나의 키오스크에서 함께 하고 있다. 책상에 앉아서 글을 쓰며 집중하는 이 시간이 올가가 저녁에 석양을 바라보며 웃는 시간이다. 커피 한 잔 옆에 놓고 스탠드 불 은은하게 켜두고 써 내려가는 한 글자 한 글자에 정성을 다하여 본다. 계속 글을 쓰는 일을 하고 싶다. 유명한 작가들처럼 글을 잘 쓸 순 없다 해도 마음을 다해 쓸 수 있는 따뜻한 사람이고 싶다. 오늘도 나의 키오스크에 앉아 글을 쓰는 이 시간이 무척 소중하다.

열정은
고무줄놀이처럼

초등학교 시절 가장 기억에 남는 놀이를 꼽으라고 한다면 한 치의 망설임도 없이 고무줄놀이라고 말할 것이다. 등교하기 전, 교과서와 숙제를 챙기기보다 까만 고무줄을 챙기는 게 더 중요했던 나였으니까.

이 고무줄은 다른 용도로도 쓰이기도 했다. 바로 팬티. 엄마는 팬티 고무줄이 헐거워지면 원래의 고무줄을 빼고 검정 고무줄을 끼워주었다. 어린 마음에 그게 너무 창피하고 촌스럽다고 생각했지만, 그 검정 고무줄이 내가 가장 아끼는 대상이 될 줄 누가 알았겠는가.

검정 고무줄의 재발견은 학교 운동장에서였다. 고학년 언니들은 틈만 나면 노래에 맞춰 고무줄놀이를 했는데, 처음에는 신기하고 대단하게 보였던 그 풍경이 익숙해지면서 나의 도전 욕구를 자극했다. 덩달아 어느 순간부터는 나도 할 수 있겠다는 자신감이 생겼다. 고무줄놀이를 하는 걸 유심히 지켜본 끝에 요령을 터득한 덕분이었다.

내가 관찰한 바로는 제일 처음 두 사람이 마주 보고 서서 두 발목에 고무줄을 끼우면, 그 사이로 영화 <매트릭스>에서처럼 고무줄 길이 생겼다. 그 사이로 다른 한 사람이 들어와 노래에 맞춰서 고무줄을 자기 몸인 듯 가지고 놀았다. 또 단계가 올라가면 올라갈수록 고무줄 높이가 무릎에서 허벅지, 허리, 가슴, 겨드랑이로 점차 올라갔다. 어디 그뿐인가. 두 발에 걸쳐 넓게 뛰는 것 말고도 한 손으로 잡아서 하는 한 줄 뛰기 등 그 종류와 방법도 다양했다. 게다가 언니들은 고무줄이 몸에서 높이 올라갈수록 자기만의 현란한 기술을 선보였다. 그 모습이 어린아이 시선에는 묘기나 다름없었다. 마치 언젠가 명절에 시골 큰집에 갔을 때 온 가족이 관람했던 서커스의 외줄타기를 보는 듯했다.

그때부터 나의 고무줄 사랑이 시작되었다. 다른 친구

들보다 잘하고 싶은 마음에 검정 고무줄을 끼고 살다시피 하면서 끈질기게 연습했다. 그것도 집에서. 숫기가 없어 친구가 별로 없었던지라 나의 소심한 도전이었다. 물론 집에도 고무줄을 잡아줄 사람은 없었다. 남동생이 있었지만 허구한 날 오락실행이었다. 그래서 나는 집 안의 도구를 이용하기로 했다. 그때 내 눈에 장롱 손잡이가 들어왔다. 그 간격이 딱 두 다리 너비만 했고, 다행히 고무줄을 끼울 수 있는 구조였다. 고정된 위치가 아쉬웠지만 그 나름대로 괜찮았다.

문제는 반대편이었다. 양쪽에서 잡아줘야 고무줄뛰기를 할 수 있는데 묶어둘 마땅한 물건이 없었다. 다시 집 안을 샅샅이 뒤지다가 소파를 끌어와 억지로 걸어서 해보기도 하고, 운이 좋아 동생이 집에 있으면 잡아달라고 부탁하기도 했다. 그러던 중 집을 확장해 책상을 놓게 되어 그때부터 의자를 이용해 줄기차게 연습했다.

여느 날과 다름없이 학교에서 돌아와 장롱 손잡이와 의자에 고무줄을 걸쳐 놓고 연습하던 중 갑자기 고무줄이 튕겨 나갔다. 깜짝 놀라 주변을 살펴보니 장롱 손잡이가 바닥에 떨어져 있었다. 아픔은 고사하고 장롱 손잡이를 망가뜨렸다고 아빠한테 혼날까 봐 겁이 덜컥 났다. 다행히 크게 혼나지는 않았지만, 더는 집에서 고무줄놀이를 할 수 없게 되었다. 그 뒤로 문을 열고 집에 들어오면 정면으로 바로 보이는 곳에서 장롱이 손잡이가 없는 채로 촌스럽게 버티고 서 있었다. 사실 그 이전부터 성한 곳이 없기도 했다. 술래잡기하면서 동생과 장롱을 장난감처럼 가지고 놀아서 문짝은 너덜거렸고, 농 안에 이불 받침대도 나가떨어진 지 오래였다.

이런 가운데서도 나는 '이가 없으면 잇몸으로 정신'으로 집 밖에서 고무줄놀이를 할 곳을 찾았다. 내가 선택한 곳은 이웃집 옥상이었다. 그 당시에 우리가 살던 집 마당은 옆집 옥상으로 통하는 길이 있었다. 나는 거기서 고무줄놀이를 할 수 있을 만한 도구를 찾다가 네모난 시멘트 벽돌을 발견해 그걸 세워 놓고 고무줄놀이를 했다. 벽돌을 어떻게 세우느냐에 따라서 좁은 무릎 또는 넓은 발목 치수가 나와 입맛 따라 조절해 가며 한동안 고무줄놀이를 즐길 수 있었다. 하지만 점점 시간이 흐르면서 높이가 발목에서 조절이 되지 않는다는 점, 매번 똑같은 패턴이라는 점 등의 이유로 서서히 시들해지다가 나의 고무줄 사랑이 막을 내렸다.

이런 나의 고무줄놀이 역사처럼 나는 줄곧 나를 '호기심은 많으나 벽에 부딪히면 곧 시들해지는 사람'으로 정의했다. 그리고 그 이유를 부모님과 주변 환경에서 찾았다. 늘 혼자 두어 끈기 있게 이어 나가지 못했다는 단단한 착각을 하면서 말이다. 더 나아가 내 아이만큼은 그렇게 만들지 않겠다며, 아이들이 잘못되면 모두 나의 책임이라는 크나큰 부담감을 안고 생활했다. 그렇다고 계획대로 실천을 잘하지는 못했다.

하지만 그 부담감은 아이를 잘 키우기 위해 책을 읽고, 글을 쓰게 한 원동력이 되었고, 내가 좋아하는 일을 찾는 계기가 되기도 했다. 만일 아이를 낳지 않았더라면 사회생활에 찌들어 있다가 훨씬 늦게 내가 좋아하는 걸 발견하지 않았을까 한다. 아니, 어쩌면 아직도 찾지 못했을

지도 모를 일이다. 생각만 해도 간담이 서늘해진다. 이러한 이유로 아이 넷을 낳은 걸 절대 후회하진 않는다.

다만, 네 아이를 키우며 나의 내면 저 깊숙한 바닥을 대면해야 하는 어려움은 언제나 있다. 그때마다 나는 실패와 좌절의 순간으로 바라봤다. 그런데 돌이켜보니 그 과정을 통해 배우는 게 더 많았다. 실패와 좌절이라 믿었지만 그 이후 아이를 오롯이 믿고, 존중하는 마음이 조금씩 꿈틀대듯이. 전부 성공을 위해 수없이 도전하고, 실패를 반복한 결과가 아닐까. 고무줄놀이를 하던 열정도 그에 한몫했다고 생각하면 피식 웃음이 난다.

크리스마스의 추억

오래전 나의 크리스마스 아침을 기억한다. 산타할아버지를 보려고 늦게까지 깨어있다가 늦잠을 잤다. 머리맡에는 커다란 산타 장식 주머니를 걸어둔 채, 가짜 소나무 트리였지만 거실 가운데 꼬마전구와 약솜으로 눈 뭉치를 만들어 크리스마스 분위기를 한껏 연출했다. 언니와 나는 동화 속 산타할아버지의 존재를 믿으며 종이 인형 놀이에 푹 빠졌고 크리스마스 아침이 오기를 오매불망 기다렸다.

언니의 선물은 빨간 포장지에 금색 별장식을 달고 머리맡에 놓여있었다. 포장된 선물은 하나이고 카드엔 둘의 이름이 적힌 게 이상했지만 우리는 숨죽이며 서둘러 포장지를 풀었다. 오랫동안 갖고 싶어 했던 기차 모양의 연필깎이였다. 친구 집에 갈 때마다 은백색으로 반짝이며 나의 마음을 흔들어놓았던 은하철도999 연필깎이가 내 눈

앞에 있었다. 평소엔 엄마 아빠가 번갈아 연필을 깎아서 필통에 넣어주었다. 도루코 칼에 잘 다듬어진 연필을 볼 때면 늘 기분이 좋았다. 이제 엄마 아빠의 수고를 연필깎이가 대신해 줄 차례였다. 연필깎이 입구에 연필을 꽂고 손잡이를 돌리면 나무가 깎이면서 손끝으로 전해지는 진동과 연필심이 갈리는 소리가 좋았다. 곧 흠잡을 데 없이 완벽한 모습으로 깎인 연필들이 줄줄이 나왔다. 이 과정이 신기해서 한동안 연필 양쪽을 뾰쪽하게 모두 깎았던 기억도 난다. 하지만 우리 둘에게 한 개의 연필깎이가 문제였다. 분명 언니 몫으로만 사준 게 아닐 텐데도 자기 것으로 여기며 본인 책상에 모셔두었다. 언니 몰래 내 책상에 가져다 두면 눈을 흘기며 잽싸게 낚아채 갔고 서러운 나는 여러 번 울었다. 산타할아버지가 미웠다. 1년 치 나의 선행이 실속(?)을 차리는 산타할아버지 때문에 선물도 반토막이 났으니까. 선물은 공동명의가 되어선 안 되었다.

또 한 번의 크리스마스!
이미 산타할아버지의 존재를 알아버렸지만, 크리스

마스 선물은 챙기고 싶은 열두 살 때의 일이다. 아침에 일어나니 머리맡 선물 대신 장식용으로 걸어둔 산타주머니가 불룩했다. 호기심 반으로 열어본 주머니 안에는 천안 휴게소라고 적힌 종이봉투에 호두과자가 10알쯤 들어있었다. 아빠는 서울에 다녀오실 때마다 호두과자를 사 오셨다. 팥과 호두가 입안 가득 씹히는 호두과자는 당시 우리에게 특별한 간식이었다. 쏟아지는 잠을 쫓으며 아빠를 기다리면 아직 온기가 남아있는 호두과자를 우리 중 가장 먼저 맛볼 수 있었다.

크리스마스 선물을 잔뜩 기대하며 산타주머니 안을 깊숙이 뒤져봤지만 더 이상 아무것도 잡히지 않았을 때, 서운함으로 아빠를 당황하게 했던 기억이 난다. 어쩌면 식어버린 호두과자는 아빠의 허기를 채워준 늦은 끼니였을지도 모르는데 선물의 부재만을 속상해했다. 그 모든 걸 헤아리기에 그땐 너무 어렸을까. 그리고 그것은 아빠에게 공식적으로 받은 마지막 크리스마스 선물이 되었다. 의아하게도 그날 받은 호두과자 열 알은 가장 소소하지만, 크리스마스 때면 두고두고 생각이 난다.

　몇 해 전 크리스마스 아침이다. 까치머리를 한 아이가 부스스 일어나 머리맡에 놓인 크리스마스 선물을 내려다본다. 바로 포장을 풀지 못한 채 가슴에 안고 다시 꾸벅 졸고 있다. 건너편에서 이 행복한 순간을 찍어 마음 앨범에 저장한다. 잠시 뒤 잠에선 깬 아이가 선물 포장지를 열어보더니 얼굴 가득 미소가 번진다. 산타할아버지가 건넨 크리스마스 선물이 마음에 쏙 드는 눈치다. 며칠 전 장난감 마트에서 찜해놓고 온 레고블럭이다. 그런데 조금 의아한 표정으로 산타할아버지가 두고 간 쪽지를 내려다보다가 옆에서 레고 설명서를 보며 조립하던 형아에게 들릴 듯 말 듯 이야기한다.

　"형아, 그런데 산타할아버지 글씨가 엄마랑 아주 비슷해, 이상해⋯. … 봐봐⋯. 그치? 두 살 터울의 형아는 동생 얼굴을 한번 올려다보더니 아무 일도 아닌 듯 본인의 레고성을 계속 쌓아간다. 순간 뜨끔했다. 분명 전날 밤 왼손으로 심혈을[?] 기울이며 썼는데 아이 눈이 매섭다. 어쩜 그날 작은 아이도 진짜 산타할아버지의 존재를 알아차린 건 아닐까?

요즘 아이들은 굴뚝도 없는 집과 주소도 모르는 집에, 때맞춰 크리스마스 선물이 도착해도 이상하게 여기지 않는다. 어쩜 아이들은 이미 택배 아저씨가 산타라는 사실을 알고 있을지도 모른다. 그리곤 다음날 산타 할아버지가 다녀간 인증사진에 속아주면서 엄마·아빠의 크리스마스를 지켜주고 싶어 할지도….

매해 크리스마스가 다가올 때면 어린 나를 위해 다정한 산타가 되어준 그 시절의 아빠가 무척 그립다.

——— 그 시절의 나도,
——— 그 시절의 마음도.

변덕쟁이의 변명

　　현재 다니는 교회에 선교회 회장으로 일하고 있다. 회장은 성도들의 심부름꾼이라 할 수 있다. 봉사 정신으로 즐겁게 하는 중이다. 몇 년 동안 일상의 일이 된 것만 봐도 그렇다. 회장이 해야 할 여러 일 중 교인들이 사용하기 편하도록 비품이 떨어졌는지 살피는 것도 그중 하나다. 얼마 전, 차와 커피믹스가 떨어졌다. 교인들은 주로 원두커피를 마신다. 하지만 교회를 찾아오는 손님용으로 커피믹스를 준비한다. 이번에는 매번 마시던 커피에서 새로운 맛으로 바꿔 보기로 했다. 새로운 시도는 즐거움이 크다. 처음 사 본 커피믹스의 맛은 어떨까.

　　새 커피믹스로 커피 두 잔을 타서 목사 사모님과 함께 마셔보았다. 부드럽고 고소했다. 혀끝을 감는 맛이 봄날 한가로이 졸고 있는 고양이의 오수처럼 나른하고 무염 버터를 담백한 빵에 바른 것처럼 부드럽게 혀를 감았다.

음, 하며 서로 눈빛을 교환하던 우리는 새로운 커피 맛에 흡족했다.

두 달이 지난 며칠 전 그 커피를 다시 마셔보았다. 그런데 그때와는 다르게 크림 비중이 너무 크고 커피의 진한 맛이 부족해서 오히려 느끼하다는 생각이 들었다. 왜 그럴까. 입맛이 요리조리 변덕이라도 부리는 걸까.

생각해 보니 지난번에는 추적추적 비가 오는 날이어서 커피의 크리미한 느낌이 싫지 않았다. 달라진 건 날씨와 그날의 공기, 그리고 시간뿐이었을까? 수년 전에 갔던 길은 기억 속에 저장했다가 오랜만에 그 길에 들어서면 전과는 다른 분위기를 만날 수 있다. 같은 곳이라도 시간이 지나면 생각과 느낌이 달라지는 걸 보니 참 신기하다. 커피도 그렇다. 커피를 어디서 마시는가에 따라 커피 맛이 다르다. 분위기 좋은 카페에서 좋은 사람과 마시면 타샤의 정원에 들어온 내가 꽃향기에 취해 맘껏 환상 속을 거니는 것 같다. 반면에 아이의 등교와 남편의 출근을 돕고 난 오전 시간, 전쟁터를 방불케 한 거실과 집안을 돌아

보며 마시는 커피 한 잔은 정신없는 숙제를 끝마친 안도감에 더 달고 안온하게 느껴진다. 시간과 온도, 그날의 날씨와 그것을 바라보는 마음에 따라 맛과 느낌은 얼마든지 바뀐다. 게다가 어느 장소에서 그 일을 만났는지도 중요한 요인이 된다. 특정한 일을 받아들이는 시선과 태도에 생각이 바뀐다면 결과도 당연히 달라질 테다.

변덕이 죽 끓듯 한다는 말이 생각난다. 일견 부정적인 의미로 쓰이는 말이지만, 변덕의 다른 이름은 새로움을 찾는 과정이 아닐까 싶다. 이런 모양이거나 저런 형태여도 좋을 것 같다는 생각은 결과를 손바닥 뒤집듯이 바꾸기도 한다. 그래서 인간의 생각은 언제든 달라질 준비가 되어 있는 듯하다. 커피 맛도 그랬을 것이다. 내 입맛도 입맛이지만 그날의 온도와 분위기가 커피의 맛을 달라지게 했을 것이다.

그렇게 보면 취향이라는 것도 생각의 변화나 컨디션에 따라서 오르락내리락하는 것인지도 모른다. 그래서 상황에 따라 적지 않은 변수가 생기는가 보다. 그걸 변덕이라고 한다면 얼마나 많은 변덕이 생을 이루는 퍼즐이 될까? 이 세상에 똑같은 사람은 하나도 없고 그러므로 똑같은 조건도 없다. 그러다 보니 상대방의 생각 변화를 단순히 그들이 부리는 변덕으로만 치부할 것이 아니라 내가 가진 씨앗과는 다른 원인이 그의 시선을 통해 생겨난 특별한 열매로 볼 일이다.

또래 아이들이 한창 분홍분홍한 옷에 열광하던 작은 소녀였을 때 난 그 색깔을 유독 싫어했다. 어쩐지 사회 전체가 여리고 보드라운 색깔 속에다 여자들의 진취성을 욱여넣으려는 불온한 시도처럼 느껴졌다. 그런데 대학 새내기 시절에 찍은 사진 속 나는 연한 분홍색 수트를 입고 환하게 웃고 있었다. 다이어리도 분홍, 가방도 분홍, 옷이나 신발도 분홍, 봄처럼 온통 분홍의 향연이었다. 그때는 왜 그렇게도 분홍이 좋았는지 누군가 묻는다면 바로 대답할 말을 찾기 어려울 정도로 나의 갑작스러운 변화를 설명할 수 없다. 물끄러미 사진을 본다. 그 시절 변덕스러운 내가 당황스럽기도 하고 지나가는 한때의 치기로 생각하면 웃음이 나기도 한다.

　이런 일련의 과정을 통해 나는 자연스럽게 내가 변덕쟁이라는 걸 인정하게 되었다. 그래서 어쩌면 날씨처럼 조변석개하는 인간의 마음을 조금은 이해할 수 있었다. 변덕 부리는 내 마음의 변화를 인정한 것처럼 다른 사람의 변덕도 너그럽게 안아주는 데까지 나아간다. 그러므로 커피를 음미하는 맛이 조건에 따라 달라지듯이 상대방의 마음이나 취향도 언제든 달라질 수 있다. 이 사실을 받아들인다면 이 세상에는 익살스러운 변덕쟁이들이 어울렁더울렁 어울리는 곳이 될 것이다. 변덕이 죽 끓듯 지나가면 그곳은 적어도 천편일률로 지루한 곳은 아닐 것이다.

곰국 데우는 집

"에미는 안 간다나?"

"책 보는 것 같던데…."

방 밖에서 시누와

어머님의 목소리가 들린다.

"그럼, 책 보게 우리끼리 갈까?"

"어머님, 과수원 가시게요?

일할 것 있어요?"

"아니 그냥 깨가 올라오나 둘러보려고…."

"아, 저도 따라갈게요."

"그럴래?"

　보던 책을 덮고 마당으로 나섰다. 어머님은 뒤란으로
가셨다. 뒤에 따라가며 나는 어머님을 타박한다. 뒤란과
연결된 과수원 가는 길은 산길이다. 산길이 위험한 게 아
니라 집에서 산길로 올라가는 곳이 위험천만이다. 경사가

가파르다. 발 디딜 곳이 마땅치 않다. 허니 어지럼증이 있는 어머님께 그 길은 위험하다. 혹시나 비틀하셔 넘어지기라도 하면 어쩌려고. 뒤따라가며 잔소리하는 내게 어머님은 괜찮다며 앞장서서 걷는다.

산길에 접어드니 솔향이 먼저 우리를 맞는다. 송홧가루가 바람에 날려 노란 오솔길을 만들었다. 어머님의 노란 발자국이 구불구불하다. 짱짱하던 허리는 세월을 이기지 못하고 오솔길처럼 굽었다. 구불구불 발걸음이 바쁘다. 그 뒤를 시누가 따른다. 또 한 발짝 뒤를 내가 따랐다. 어머님의 발자국을 따라 구불구불 산길을 걸었다. 과수원 밭이 보이니 어머님은 발걸음을 재촉한다. 곡식은 농부의 발걸음 소리에 자란다고 하지 않던가.

산길을 따라가면 어머님 아버님의 터전인 과수원이 나온다. 몇 해 전만 해도 사과나무가 꽉 들어찼던 곳이다. 하얀 사과꽃이 흐드러지게 폈던 과수원. 이제 그 과수원은 휑하니 비었다. 촌로가 경작하기에는 힘에 벅찬 과수원이었다. 자식들의 성화도 성화였지만 당신들이 더 이상

과실수를 돌볼 수 없는 세월을 입었다는 것을 알았다. 밥 한 숟가락 먹는 것 외에는 하루 종일을 보냈던 곳. 어머님이 괭이로, 삽으로 손수 개간했던 농토였다. 한 아름씩 되던 과실수를 모두 베었다. 텅 빈 그곳에 하나둘 계절 꽃들이 피고 진다. 해마다 나무를 심고 꽃씨를 뿌린 덕분에 동백, 목련, 사철나무도 자리를 잡았다. 도장 나무라 불렸던 배롱나무가 자디잔 붉은 꽃을 매달았다.

어느 해 봄, 아버님은 금방 방아를 찧어놓을 테니 그동안 과수원 산에 가보라고 했다. 그 산에 개양귀비가 지천이다. 아버님은 알고 계셨다. 붉은 양귀비가 타오르고 있음을. 그 양귀비꽃을 며느리에게 보여주고 싶었던 게다. 아버님이 뿌린 씨가 꽃이 되었다. 개양귀비에 홀리고, 찔레꽃 향기에 코를 드민다. 산에서 내려와 동네로 접어드니 감나무에 노란 별꽃이 떴다. 감잎에 가려진 감꽃이 가는 이의 발길을 잡았다. '아버님 방아 다 찧었을 텐데…' 나는 감꽃에 멈춰 계절을 낚는다.

골목에 들어서니 피리 불며 소 타고 가는 소년이 손

짓한다. 손짓에 소도 타고 공깃돌도 올린다. 푸른 하늘만큼이나 높고 멀리. 벽화가 정다운 골목이다. 심부름 간 아이가 개미 거둥과 노는 것처럼 마음이 머문다.

"양귀비가 지천이던데요."

부엌에서 어머님이 내다보신다.

"곰국 데웠으니 밥 먹자."

아침 먹은 지 2시간도 지나지 않았다. 배고프지 않다는 나에게 어머님은 아침을 허술히 먹어 당신이 배고프다고 한다. 그럴 리가요. 당신은 입맛이 없어 잘 드시지 못한다는 걸 알아요. 먼 길 가는 며느리 굶고 가는 것이 마음에 걸리신 게다. 어머님과 뜨끈한 곰국을 마신다.

어머님과 산길을 따라 이어 온 연을 곰국을 마시며 가족이란 집을 가꾸었다. 이제 뜨끈한 곰국을 함께 마실 어머님이 계시지 않는다. 그 산길에 홀로 섰다. 산길이 없어지고 풀이 무성하다. 길은 사람이 낸다는데. 이 길 다니던 이가 떠났다는 것을 산길은 알았던 걸까. 무성한 풀을 눕히는 발이 서글프다. 홀로 걷는 산길이 고즈넉하다. 어머님 뒤를 졸졸 따라가며 잔소리하고 싶다. 이 산길로 다니는 건 위험하니 편하고 좋은 큰길로 다니라고. 저 꽃이 쑥부쟁이가 맞냐고 묻고 싶다. 투두둑 떨어지는 꿀밤을 줍고 가면 안 되냐고 조르고 싶다.

——— 소나무 사이로 구름이 말없이 흐른다.
——— 산길을 내려가 곰국을 데워야겠다.

마당에 햇살 노란 집
저녁 연기가 곧게 올라가는 집
뒤안에 감이 붉게 익는 집
참새떼가 지저귀는 집

- 김용택 '그여자네 집'에서

두 평의 위로

고1 중간고사 첫 시간, 국어시험을 보다가 구급차에 실려 갔다. 급성 맹장염이었다. 주말부터 참을 수 없는 복통이 오고 갔지만 고등학교 입학 후 첫 중간고사를 망칠 수는 없었다. 일요일 반나절 내내 방바닥을 기어다니다가 늦은 밤 결국 응급실을 찾았다. 젊은 의사 선생님은 맹장염인 것 같다며 아픈 배를 인정머리 없이 찔러댔다. 진통제 처방을 받았고, 내일 아침 꼭 병원에 오라는 당부를 잊은 채 학교로 먼저 갔다. 시험만 치르고 올 생각이었다. 결국 1교시 국어 시험을 보던 중 극심한 통증과 함께 이후 기억들은 사라졌다. 그리고 응급수술을 받게 되었다. 마취에서 깨었을 때 흐릿한 시야로 엄마가 보였다. 더 늦었으면 큰일 날 뻔했다며 엄마는 아이처럼 울먹였다. 나는 마취가 풀리는 통증보다 중간고사를 망쳤다는 절망감에 서러웠다. 그때 엄마는 출발선에서 넘어져

버린 내 우울한 심정을 다 헤아려주진 못했다. 대신 회복에 좋다는 음식들을 수시로 병원에 싸다 날랐다. 엄마의 부지런한 사랑 덕분에 금세 뽀얗게 살이 올랐지만 난 그 역시 엄마 탓이라고 투정 부리는 딱한 열일곱 여고생이었다.

왜 꼭 중간고사 기간과 벚꽃 시즌은 겹치는 걸까? 시험을 끝낸 친구들은 봄 소풍의 설렘을 안고 나를 보러 왔다. 병문안과는 어울리지도 않게 너무 화사하고 밝은 모습으로 까르르대다가 떠났다. 나만 빼고 모두 생기 가득했던 그 봄을 나는 무척 힘들어했다. 수술 상처가 덧나면서 퇴원이 일주일 더 늦어졌을 때 나의 우울과 예민함은 극에 달했지만, 엄마는 다 받아주었다.

2주 만에 퇴원하고 돌아온 집은 조금 낯설었다. 루바패널로 사방이 둘려있는 거실에는 가죽 소파와 인켈 전축이 마주하고 있었다. 오후가 되면 거실 천장에 매달린 샹들리에가 반사되면서 바닥과 벽면에 수도 없는 빛 그림자를 만들었다. 나는 뽀얀 먼지와 섞여 집안을 부유하는 빛 그림자의 몽환적인 분위기를 꽤 좋아했다. 기다란 거실과 주방 사이에는 아치형 가벽이 있었고 솜씨 좋은 엄마는 재봉틀로 하얀색 레이트 커튼을 만들어 그 위에 덧대었다. 내가 두 아이를 키우면서도 가구 옮기기가 취미요, 살림에 작은 변주를 시도하며 즐거울 수 있었던 건 보고 자란 엄마의 모습 때문일지도 모른다. 엄마는 물건을 고르는 안목이 탁월했고 엄마의 손길이 닿은 집안의 물건들은 세월과 함께 윤기를 더해갔다. 당시 엄마의 널따란 대면형 주방은 이웃분들에게 로망 자체였다. 아일랜드 식탁이 설치된 주방을 보기 위해 매일 손님이 끊이지 않았고 엄마는 정성껏 엔틱찻잔에 호박 식혜를 내어 날랐다. 거실에 놓인 턴테이블에 좋아하는 음반을 걸고 엄마와 함께 당근 팩을 하는 토요일 오후는 내가 가장 좋아하는 시간이었다. 무엇과도 바꿀 수 없는 진한 행복감에 스스로 눈이 감기곤 했다. 에냐와 케니지, 넥스트를 그때부터 쭉 좋아했다.

그토록 좋아하는 집이었건만 퇴원 후 돌아온 집에선 괜히 심술이 나고 뾰로통해지며 자주 눈물을 보였다. 어쩌면 그즈음 나는 사춘기로 몸살을 앓고 있었는지도 모르겠다. 더 작게 웅크리며 오롯이 혼자 있고 싶었지만, 언니와 모든 것을 공유하는 삶이었다. 언니의 일기장을 훔쳐봤다고 오해해서 자매가 미친 듯이 싸운 날, 세상에서 태어나 처음이자 마지막으로 엄마에게 등짝을 흠신 두들겨 맞았다. "서러우면 네가 언니" 하라는 말을 듣고 가출을 결심했던 어느 날, 엄마 손에 이끌려 간 곳에 내 물건들이 놓인 '내 방'이 있었다. 엄밀히 말하면 안방과 주방 사이의 작은 공간으로 평소엔 빨래 건조대나 청소기를 보관하던 다용도 창고였다. 엄마는 원목 책상과 작은 콘솔, 노란색 체크 커튼과 노란 침구로 그곳을 아주 아늑하고 근사한 곳으로 만들어주었다. 이 노란 방에서는 이제 맘껏 라디오 볼륨을 켜고 더는 일기장 열쇠를 숨기느라 전전긍긍하지 않아도 됐다. 집에서 가장 작고 비밀스러운 이 '노란 방' 덕분에 영영 끝나버린 줄 알았던 열일곱,

——— 나의 봄이
——— 다시 피어나고 있었다.

가까워도 문제

        등굣길은 멀어도 문제지만 가까워도 좋고 나쁨이 있다. 중학교 때는 학교까지 30분 이상 걸어야 했다. 큰길을 지나면 경사진 언덕길과 마주쳤다. 여름이면 땀으로 범벅이 되었고, 겨울이면 눈길이 미끄러웠다. 스케치북을 깜빡 잊은 날에는 40분을 미친 듯이 뛰어야 했다. 그깟 준비물이 뭐 그리 중요하다고 먼 길을 뛰어다녔는지 모르겠다. '죄송합니다'하고 간단하게 끝낼 일인데, 그때는 선생님 매가 무서웠다. 학교 가는 길이 구만리였지만, 하굣길에 친구들과 핫도그, 떡볶이 먹는 재미가 있었다.

    고등학교에 들어갈 때쯤, 아버지께서는 전격적으로 이사를 단행하셨다. 이번에는 학교가 너무 가까워 애로사항이 생겼다. 교문을 나와 마을버스 정류장만 지나면 바로 우리 집에 도착했다. 마을버스를 타는 친구들이야 그렇다 쳐도 멀리 가야 하는 친구들은 좀처럼 나와 걸으려 하지 않았다. 반에서 우리 집을 모르는 친구가 없는 거야 당연했고, 급한 준비물이 있으면 내게 요청했다.

건물 끝에 있는 3학년 우리 교실은 내 방에서 훤히 들여다보였다. 일요일 자율학습을 확인하고 눈치껏 학교에 갈 수 있었다. 잠시 집에 왔다가 청소 끝나는 시점에 맞춰 다시 들어간 적도 있다. 운동화를 굳이 신을 필요도 없었다. 체육 시간만 아니면 그냥 슬리퍼 그대로 등교하고, 하교해도 누구 하나 뭐라 하는 사람이 없었다. 3학년이 되고 나면 체육 시간마저도 자율학습으로 대체했기 때문에 운동화를 신은 기억이 별로 없다. 선생님도 우리 집이 어디인지 알고 계시니 인간 CCTV라고 해야겠다. 하교하면 집으로 가는지, 다른 곳으로 새는지, 교실에서도 훤히 보이는 집이었다. 그러잖아도 아버지 오지랖 때문에 동네 사람이 우리 가족을 다 아는데, 학교 앞 학생들이 물밀듯 들어가고 나가는 공간에서 딴짓하기란 여간 어렵지 않았다.

우리 집 현관을 나서면 학교 친구, 동네 친구, 그리고 친구 부모님과도 자주 마주쳤다. 나를 모르는 학생들도 모두 나를 아는 것만 같았다. 등하굣길에 2층 내 방 창문으로 나를 부르는 친구도 있었다. 남녀 공학인데 그렇게 부르면 입장이 여간 난처한 것이 아니었다. 부른다고 창문을 열어 대답할 수도 없으니 말이다.

"정환아~ 학교 가자"

이 소리가 듣기 싫어 교문이 열리면 이미 나는 학교에 도착해 있었다. 슬리퍼 끌고 가방 메고, 경비 아저씨와 인사하며 교실에 도달했다. 집이 멀면 제일 먼저 도착한다고? 아니다. 간절한 사람이 제일 빨리 움직이는 법이다. 예민한 고등학생이 얼마나 스트레스를 받았으면 그랬을까? 집을 나서면 바로 피하고 싶은 요소가 너무 많았다.

교복 자율화 세대였기 때문에 사복 차림으로 나가면 학생인지, 성인인지 알 수 없던 시대였다. 서울 어디를 가도 대학생인지 고등학생인지 구분되지 않았다, 대학로에서 친구들과 어울리면 대학생이라 해도 믿지 않을 수 없었다. 하지만 동네에서는 절대 통하지 않았다. 한 학년이 12반까지 있었고, 한 반에 63번이 있었다. 3학년까지 하면 2,000명이 넘는 학생이 매일 우리 집 앞을 통과했다. 선생님은 학생 수에 맞게 얼마나 많았겠는가? 담임만 해도 36명이 넘으니, 행정까지 하면 50명이 넘는 선생님과 마주치는 곳, 그런 곳이 우리 집이었다.

집 앞 떡볶이집 여사장님도 부모님을 알 정도였으니, 근처에서는 달리 할 수 있는 게 없었다. 하지만, 뒤에는 산이요, 옆은 공원이었으니, 어둡기만 하면 허튼짓하는 데 문제가 없었다. 물론 껄렁한 다른 학교 학생들과의 마찰만 잘 피한다면 말이다. 공원에 도서관이 지어지고 나서는 그마저도 상황이 나빠졌다. 학생들이 우르르 도서관으로 모여드니, 우리 집을 중심으로 학생들을 위한 놀이시설, 공부 시설이 집중되어 있었다. 그나마 과외가 금지되던 시절이라 학교 앞이라도 학원이 없었다. 학원까지 있었다면 내 고등학교 시절은 더 암담했을지도 모른다.

학교 인근 친구들과 더 친해졌고 그들과 만나는 곳

은 등굣길에서 벗어난 곳들이 많았다. 다양한 사건들이 터질 때마다 서로 잘 불러냈다. 남들에게 쉽게 보이지 않는 은밀한 스팟들이 몇 군데 있어 약속을 정해 모이곤 했다. 학생들이 많이 다니는 시간에는 습관적으로 뒤편 놀이터를 지나 좁은 뒷길을 선택하게 된다. 으슥한 샛길은 아무래도 학교생활에 흥미가 없는 친구들이 자주 애용했다. 교복 자율화 시대였기에 어느 학교인지 쉽게 구별하기 어렵겠지만, 학교 앞이라는 특성상 다른 학교 학생들에게도 그만큼 부담스러운 곳이었으리라. 학교 앞이었기에 오히려 더 안전한 곳이라고 할까? 부모님도 얼굴을 알고 지낼만했기에 캄캄한 밤이 아니고서는 어떤 이상한 짓도 허용되지 않았다.

전철을 타려면 마을버스를 타야 했다. 등하교 시간에는 탈 수도 없었지만, 타고 싶지도 않았다. 정작 마을 주민이었던 나는 걸어 다녀야 하는 비애를 안고 살았다. 선생님과 마주치고 싶지도 않았고, 여학생들과 같이 탔다가 실수라도 하는 날에는 돌이킬 수 없는 사태가 벌어지지 않겠는가? 남자 고등학생인 나는 그렇게 예민했다. 우리 집이 남들로부터 주목받는 무대 같았다. 배우도 아닌데 남들 눈을 의식해야 하는 삶은 피곤했다. 누구도 내게 관심 없을 텐데 나만 의식하며 살아야 하는 곳. 그래서 방학이 가장 좋았던 집이다. 학원이 없어서 방학 때도 등교생이 많았지만 그래도 덜 붐볐다.

"방학에도 학교 가?"

"아니, 집에 가"

방학 때도 학교 가는 건지, 집에 가는 건지 구분이 되지 않았다.

대형 버스가 다니는 큰길에서 2킬로 정도 걸어 들어가면 그 끝에 학교와 우리 집이 있었다. 학교 다닐 때도 불편했지만, 졸업한 후에도 은사님과 마주쳤다. 선생님을 못 만나 섭섭하다고? 전혀 아니다. 재수하던 시절은 그래서 또 힘들었다. 그렇게 무섭고 싫었던 2학년 교련 담임 선생님과 자주 마주쳤는데 만날 때마다 질문을 하셨다. '어디서 재수하냐? 어디를 갈 예정이냐? 합격은 했냐? 대학 생활은 어떻냐?' 완전히 고등학교를 졸업하게 된 것은 군대를 다녀와서 멀리 이사한 후였다.

물론 좋은 점도 많았다. 눈 오는 날 늦은 저녁, 내 방 창문에 작은 돌을 던지는 친구들이 있었다. 자율학습으로 늦게 귀가하던 친구들이 눈 오는 날 나를 불러냈다.

"눈 오는데, 집에 있으면 어떻게 해?

나 카메라 가지고 나왔어. 사진 찍으러 가자."

펑펑 내리는 눈을 맞으며 인적 없는 공원에서 뒹구는 모습이 아직도 사진으로 남아있다. 친구들은 그날 그때를 기억하지 못한다. 사진이 없었다면 내 착각으로 남았을 장면이다. 그날을 기억한다는 건, 학교 앞 우리 집이 내게만 명확한 자극이기 때문이 아닐까. 그날 친구들의 챙김이 지금도 생생하다.

이제는 어두운 골목과 학교를 바라보는 이미지는 머리에만 남아있다. 그때 집은 재개발되어 사라졌고 높은 아파트가 대신하고 있다. 가끔 창문을 열고 교실을 바라보던 때가 떠오른다. 창문에 그려지던 학교 풍경이 그립다. 지금도 초등학교 바로 앞에 산다. 우리 아이들이 현관을 나가고 나면 베란다 창문을 열고 내다본다. 건널목 하나만 건너면 학교 후문인데도 친구들을 만나서 걸어가는 모습을 본다. 공간과 시간이 달라졌을 뿐인데 그때의 이미지가 자꾸만 떠오른다. 우리 아이들에게도 학교 앞 무대라는 부담이 보인다. 친구와 놀다 아빠를 마주치면 피하고 싶어 하는 것은 그때나 지금이나 마찬가지인가 보다.

엄마의 작은 부엌

"학교 다녀왔습니다."

현관문을 열자마자 엄마가 부엌에 있는지 확인부터 했다. 엄마의 작은 부엌. 연둣빛 일자형 작은 싱크대 앞에 4인용 식탁이 있다. 엄마를 보자마자 식탁에 앉는다. 엄마는 알배기 배추로 겉절이를 만들고 있다. 나는 엄마가 요리하는 모습을 좋아했다. 그 순간만큼은 엄마가 내 이야기에 귀 기울여 마음에 있는 말을 꺼낼 수 있었기 때문이다.

"엄마! 오늘 지영이가 학교에서 진짜 맛있는 카스텔라 빵을 가지고 왔어. 종로에 있는 신라명과에서 샀대. 먹자마자 입안에서 빵이 녹는데 정말 맛있었어."

짝꿍이던 지영이는 나에게 언니 자랑을 자주 했다. 언니가 다니는 서울예고 학생들은 대부분 부잣집이고 신발, 옷은 브랜드만 입고 빵이나 간식도 좋은 것을 골라 먹는다더니 어느 날, 작은 플라스틱 통에 신라명과 카스텔라를 조금 담아와 나에게 맛보라며 주었다. 그 빵이 얼마나 맛있었는지 잊혀 지지 않아 학교에서 오자마자 엄마에게 사 달라 해보지만, 대답이 없다. 그래도 포기하지 않고 "엄마! 아빠한테 집에 오는 길에 사 오라고 말해줘."라고 했는데, 엄마는 "우리 딸, 먹고 싶은 게 너무 많다." 하며 웃기만 하고 사주겠다는 약속은 없다. 수업 시간 내내 카스텔라 생각만 났는데 말이다. 엄마의 빠른 손놀림으로 겉절이가 금세 완성되었다. 우리 집 겉절이는 다른 집보다 빨갛지 않고 싱겁게 만들지만, 좋은 재료와 엄마의 정성 때문에 깊은 맛이 났다. 완성되어 가는 겉절이를 보며 보쌈 고기랑 먹으면 좋겠다는 상상을 할 때 엄마가 냉장고에서 고기를 꺼냈다. 우리 집 별미로 손꼽히는 돼지갈비찜이다. 양파와 마늘, 배, 간장, 설탕 등을 넣어 믹서에 갈아 만든 양념을 돼지고기에 가득 부었다.

"엄마 오늘 무슨 날이야?"

"그건 아니고 주말에 먹으려고 미리 고기를 재어 두

는 거야."

주말이 되려면 며칠 더 기다려야 하지만 엄마표 갈비찜의 단맛과 짭조름한 조화를 상상하니 이미 갈비찜이 입 안 가득 채워진 듯하다.

그러다 뜬금없이 얼마 전 치른 수학 시험의 형편없는 점수를 고백했다. 다음엔 더 열심히 공부하겠다고 미리 반성한 덕분에 엄마는 화내지 않고 듣기만 했다. 이럴 때 보면 의외로 엄마의 마음이 넓다는 것을 알게 된다.

또 다른 최고의 기회는 엄마가 김밥을 말고 있을 때다. 갓 지은 쌀밥에 참기름, 깨소금, 약간의 소금을 넣어 고소함이 집안 가득해지면 식탁에 놓인 김밥 재료를 밥에 넣어 돌돌 말기 시작했다. 그때 나는 엄마 식탁 앞에 앉아 이런저런 이야기를 늘어놓았다. 친구 때문에 화났던 일, 질투 났던 일, 속에서 부대끼는 다양한 감정을 꺼내기만 했는데 위로받는 기분이 들어 좋았다. 엄마가 김밥을 자르기 시작하자마자 꼬투리를 입에 넣었다. 맛있게 먹다 보면 어느새 마음에 용기가 생겨 무슨 말이든 꺼낼 수 있었다.

그런데 내가 사춘기가 되면서 엄마의 작은 부엌이 전쟁터로 변했다. 엄마가 부엌에서 요리할 때 식탁에 앉지 않고 매번 식사 때마다 몇 번을 불러야 겨우 나와 밥만 먹었다. 그러다 어느 날 엄마가 나에게 싫은 소리 한마디라도 하면 작정하고 화를 냈다. 사춘기 소녀는 엄마에게 생떼를 부렸다. 늘 바빴던 엄마의 하루에 내가 끼어들면 건성으로 대했다고 말하며 그것을 곱씹고 화를 냈다. 왜 그리 엄마에게 화를 내고 싶었을까? 아마도 그땐 이런 행동으로 엄마에게 나의 존재를 인정받고 싶었던 것 같다.

어느덧 나도 그때 엄마 나이가 되었다. 매일 소소한 전쟁으로 시끄러운 우리 집 아침 일상을 바라보니 그 시절 엄마의 마음도 우리 집 세 아이의 마음도 조금 알겠다. 그러고 보니 연애 문제, 취직 고민, 결혼 결정을 할 때마다 엄마의 부엌을 찾았다. 삶의 중요한 변곡점을 겪을 때마다 부엌이란 공간이 큰 역할을 했다. 돌이켜보면 엄마는 결코 나의 존재를 잊지 않았다. 지금의 내가 아이들을 한시도 잊지 못하듯이 말이다. 감사하게도 그 부엌과 나의 이야기를 들어주는 엄마가 여전히 그곳에 계신다. 살면서 어떤 일을 겪든지 말할 수 있는 존재가 곁에 있는 건 큰 힘이 되어준다. 조만간 엄마의 보금자리를 찾아가 이야기보따리를 늘어놓아야지…. 엄마와 나의 추억이 또 하나 쌓인다.

열망을 행동으로

"이 퀴즈 프로그램 한 번 나가봐라."

"에이 엄마. 이젠 퀴즈 프로그램 나가면 안 되죠. 예전에는 날 아는 사람이 없으니까 도전했지만, 이제는 학생들과 학부모들도 볼 수 있는데 괜히 망신당할 수 있어요."

친정에 간 날 엄마는 KBS 1의 퀴즈 프로그램 <우리말 겨루기>를 보고 계셨다. 나란히 앉아 퀴즈가 끝날 때까지 정답과 오답을 던지면서 시청했다. 장학퀴즈를 보며 자랐고 아이들을 키우면서는 도전 골든벨을 같이 보았다. 엄마는 퀴즈 프로그램을 즐겨보셨고 내게 퀴즈 대회에 나가라는 말은 이번만이 아니다. 퀴즈를 시청하실 때면 종종 하시는 말씀이다.

아이들이 어릴 때 오전에 가끔 SBS <전국 주부대항

퀴즈>를 보았다. '저 상품들을 공짜로 받을 수 있다고!' 경품에 욕심이 생겼다. 시청할 때마다 '한번 나가 볼까?' 하는 맘이 스멀스멀 올라왔다. '못하면 망신당하기 십상인데'라는 생각에서 '나를 아는 사람이 몇이나 된다고!'라며 대담해졌다. 퀴즈대회 예비 시험 날짜가 공지되자 대회에 나가기로 했다. 퀴즈 경품으로는 그 당시 주부들이 탐낼 만한 살림살이가 많았다. 다양한 가전제품, 컴퓨터, 여행권, 한복, 가구, 당시 유행하던 디지털카메라 등등. 새 아파트 입주를 앞둔 주부나 가전제품을 바꾸고 싶은 주부들이 바람을 가지고 출연했다. 내가 받고 싶었던 상품은 컴퓨터와 세탁기였다. 시어머님이 쓰시던 세탁기는 아직 쓸만했지만 아이 둘을 키우면서 쓰기에는 용량이 적었다. 프로그램 회차에 따라 상품은 달랐지만, 퀴즈도 풀고 원하는 것도 받을 수 있다면 1석 2조다 싶었다.

퀴즈 대회를 나가기 위해 예비 시험을 치르고 합격 통보와 함께 녹화날짜를 연락받았다. 녹화하는 날 '늘 하던 대로 하면 되겠지'라며 집을 나섰다. 방송국에 도착하여 출연자로서 안내를 받으니 약간 긴장이 되었다. 오래

전 고등학생 때 사촌과 공개방송을 보기 위해 추운 날 줄을 서서 기다렸던 기억이 났다. 출연자는 긴장이 되고 방청객은 기다림에 지루했던. 그날 나는 방청객이 아니라 출연자였다. 기다리지 않고 방송국 녹화장으로 곧바로 들어갔다.

퀴즈는 순발력도 중요하다. 시청자로서는 정답이 아니어도 상관없으니, 생각대로 바로 답을 던질 수 있지만 실전에서는 그럴 수 없다. <전국 주부대항퀴즈>는 정답을 알면 도깨비방망이로 벨을 두드린다. 테이블에 불이 켜지면 사회자가 답할 기회를 주었다. 방송국에서는 문제를 끝까지 듣고 싶은 마음을 억누르고 나를 믿고 방망이를 두드려야 한다. 그 상황을 내가 잘 해낼 수 있을지 알 수 없었다. 순발력은 젬병이고 가끔은 진지충이기 때문이다.

녹화하는 날 친정엄마는 딸아이를 안고 남편은 아들을 데리고 응원차 <전국 주부대항퀴즈> 방청객으로 참석했다. 무대의 자리에 앉기 전 출연자들과 인사를 나눴다. 멀리 지방에서 온 출연자도 있었다. MC 김학래와 김미숙

씨의 설명을 들으며 심호흡으로 마음을 가다듬었다. 퀴즈가 시작되자 퀴즈를 읽는 성우의 익숙한 목소리가 편안감을 주었다. 긴장되었던 마음이 곧 담담해졌다. 집에서 TV를 보던 것처럼 문제를 풀어나갔다. 조명의 열기와 퀴즈에 집중하면서 얼굴이 상기됨을 느꼈다. 문제가 평이해서 다행이라 생각했다. 언제 방망이를 두드릴까 걱정하지 않아도 될 정도로 여유도 있었다. 퀴즈는 끝나고 그날 방송국이 협찬받은 상품 중에서 냉장고 하나만 빼고 나머지 전부를 받았다.

퀴즈 대회 우승으로 체면은 차렸다 생각했지만 그다지 기쁘지 않았다. 멀리서 온 상품을 타지 못한 다른 참여자들에게 미안한 마음이 들었다. 예상하지 못한 감정이었다. 집에서 TV로 볼 때는 퀴즈를 잘 맞추고 많은 상품을 타는 사람이 부러웠다. 다방면의 상식이 있는 사람일 것이라는 느낌을 주기 때문에 멋져 보이기도 했다. 퀴즈 대회에 출연하는 날은 방송국에서 출연자들과 대면하여 인사를 나눴다. 각자 사는 곳을 묻고 답하며 긴장하지 말고 차분하게 잘 해보자며 서로를 격려했던 관계가 아닌가.

이제는 전혀 모르는 남이 아닌 것이다. 퀴즈대회에서 우승을 기뻐할 수만은 없는 이유였다.

어려서부터 퀴즈를 볼 때면 출연자들이 앉은 곳에 내가 앉아 있는 모습을 상상했었다. 직접 경험해 보니 TV 출연이 생각보다 어렵지 않았다. 경험하고 싶었던 것을 도전해 봤기에 후련함도 있었다. 퀴즈 출연은 세상을 향해 가지고 있던 소망을 이루어 가는 것이 생각보다 어렵지 않다는 의식을 갖게 했다. 그때의 경험은 마음속 깊은 열망을 행동으로 옮기는데 물꼬를 튼 일이었다. 지금도 참 잘했다 생각되는 도전이었다.

우리 집에는
도마뱀이 산다

전기세 폭탄을 맞았다. 우리 아파트 같은 평수 대 세 배란다. 18만 원이 넘는 전기세, 이 집에 산 이래 최고 금액이다. 어쩌면 한여름을 보낸 다음 달 전기세가 더 높을 수도 있다. 올해 여름은 불에 덴 듯 뜨거웠다. 고온 다습의 된더위가 연일이었다. 거실 한 귀퉁이에 서 있는 에어컨을 밤낮을 가리지 않고 틀어 재꼈다. 아주 사소하고도 사소한 손바닥보다 더 작은 도마뱀 한 마리를 위해서.

인류의 눈에 도마뱀은 사소하다. 사소하다 못해 하찮고, 하찮다 못해 혐오스럽기까지 하다. 나도 그랬다. 내 생활권 안에서 도마뱀은… 으으으. 생각할 일도 생각하고 싶지도 않은 존재다. 더구나 나의 보금자리인 집 안에 들어올 일은 더더욱 없다. 아니 있을 수 없는 일이다. 어린 시절 아버지 친구분한테서 데려온 갓 태어난 새끼 고양이를 보듬지 못했다. 지금 생각하면 왜 그랬을까, 후회스럽지만 그때는 그랬다. 강아지든 고양이든 우리 집에 함께 살 일은 평생 없을 거로 생각했다. 하지만 다가오지 않은 앞날을 함부로 단언해서는 안 된다. 지금 우리 집에는 도마뱀이 산다.

가장 혐오스러워했던 것이 뱀이었다. 그냥 생각만 해도 징그럽고 온몸이 오그라들 정도로 싫었다. 풀밭을 스르르 지나가는 뱀을 어쩌다 만나면 경기를 일으킬 것처럼 소리를 질렀다. 누군가는 촌놈으로 자라 자주 봤을 텐데 뭘 그리 호들갑이냐고 하지만 촌놈과 뱀을 싫어하는 것은 전혀 상관이 없다는 걸 모르는 소리다. 파충류, 뱀은 이유 없이 싫었고, 공격하지 않아도 위협을 느꼈다. 그런데 지금 나는 그 파충류, 도마뱀과 아니 여름이와 오순도순 사랑에 빠져 산다.

여름이. 우리 집 도마뱀 이름이다. 얼떨결에 알게 된 여름이의 존재에 나는 거품을 물었다. 파충류, 도마뱀은 나의 보금자리에 살 수 없다고 소리를 질렀다. 엄청 귀엽다며 한 번만 보라는 아들 말을 무 자르듯 단칼에 잘랐다. 아들의 말을 그저 정신 나간 소리로만 들었다. 여름이는 나에게 미물, 아주 사소한, 아니 존재 자체를 부정당했다. 여름이가 우리와 살겠다고 자기 발로 스스로 우리 집에 들어온 것도 아닌데 말이다. 아들은 여름이를 당당히 대접하면서 고이 모셔 왔다.

반려 강아지, 반려 고양이는 들어봤어도 반려 도마뱀은 머리털 나고 처음 듣는 소리다. 반려 도마뱀이라니. 국어사전에 찾아봐도 반려동물이라는 말은 있어도 반려 파충류라는 말은 없다. 그럼 그렇지. 반려동물은 사람이 정서적으로 의지하고자 가까이 두고 기르는 개, 고양이, 새 따위의 동물을 말하는데, 파충류한테 무슨 정서적 의지를 할 수 있단 말인가. 기가 찰 노릇이다. 강아지 고양이 안 된다고 하니까 어디서 뱀을 데리고 와. 파충류 여름이를 향한 나의 거부반응은 사그라들 줄 몰랐다.

나의 눈에 여름이는 그저 냉혈동물, 파충류일 뿐이었다. 우리는 흔히 '피도 눈물도 없는 인간'을 '냉혈 인간'이라고 한다. 냉혈의 반대말은 온혈이 아니라 인간의 평균 체온을 가리키는 36.5도라는 말이 있다. 냉혈 범주에 드는 악어, 도마뱀, 뱀, 거북 등은 인류의 눈에는 비인간적이고 짐승 중에서도 가장 짐승 같은 존재로 분류되며, 공격적이고 지능이 낮다고 생각한다. 나 또한 그렇게 생각했고, 맹신했다. 이미 파충류, 도마뱀이라는 낱말에서 오류투성이의 편견을 가졌다. 하지만 모든 생명은 고귀하지 않은가.

여름이도 고귀한 생명체이다. 그런데도 다가가기는 쉽지 않았다. 여름이도 내가 자신을 싫어한다는 것을 알았을까. 여름이는 우리 집 어디도 돌아다니지 않았다. 그저 자기 집 안에 가만있을 뿐이었다. 아들이 하루에 한 번씩 잠깐 손에 올려놓으면 조르르 팔을 타고 어깨로 올라가거나, 일주일에 두어 번 콩알만큼의 밥을 먹는 게 고작이었다. 강아지나 고양이처럼 내 옆에 먼저 오는 경우가 한 번도 없었다. 시간이 흐를수록 기척도 없는 녀석이 궁금한 건 나였다. 언젠가부터 나는 여름이를 찾아 아들 방을 들락거렸다. 자주 보면 정든다더니 내가 그랬다.

여름이가 우리 집에 온 지 7개월. 여름이가 귀엽고 사랑스러웠지만 만지지는 못했다. 그즈음 아들은 계획했던 호주로의 워킹홀리데이를 착착 준비했다. 그런데 난관에 부딪혔다. 호주는 파충류 반입이 되지 않아 여름이를 데리고 갈 방법이 없었다. 아들은 여름이를 맡아 키워 줄 사람이 엄마밖에 없다며 조심스레 부탁했다. 그렇다고 여름이를 다시 데려다 줄 수는 없다. 그건 파양이다. 삼 일 낮 밤을 고민했다.

"알았어. 엄마가 키울게. 입양했으니 책임져야지."
"정말? 고마워, 엄마. 그런데 잘 키울 수 있겠지?"
"그럼. 엄마가 여름이를 얼마나 사랑하는데."
아들이 호주로 떠나기 3일 전까지만 해도 여름이를 만지지 못했다. 그런 나에게 아들은 한마디 했다.

"엄마는 여름이를 사랑하지 않아.

엄마한테 여름이는 관상용이야."

아들의 말은 망치였다. 머리를 한 대 맞은 듯 띵했다. 나는 여름이를 만지지 못했다. 여름이가 내 살갗에 닿는 생각만 해도 닭살이 돋았다. 여름이를 만지지도 않고 무의식에서 올라오는 파충류의 차가움에 지레 질겁을 했다.

"그래? 내가 여름이를 사랑하는 게 아니라고?

나 여름이 사랑⋯⋯"

"아니야. 엄마 여름이 만지지 못하잖아.

그건 사랑 아니야."

아들은 여름이와 좀 더 친해 보라며 여름이 집을 나의 방으로 옮겼다. 여름이 등을 살짝 만져보았다. 생각만큼 차갑지도 않고 미끄덩하지도 않았다. 발가락도 만져보았다. 발가락은 예민한 부분인지 움찔하면서 발을 오므린다. 서로의 살갗이 닿는다는 건 뭘까. 오묘했다. 여름이의 체온과 나의 체온이 뒤섞여 전기가 흐르듯 무언가 전달이 되는 듯했다. 여름이의 체온을 느끼면서부터였다. 여름이는 더 이상 파충류도 도마뱀도 아닌 여·름·이였다.

여름이는 냉혈 파충류로 분류되지만 가장 따뜻한 온도를 지녔다. 서로 주고받는 언어는 없지만, 엄마가 떠났을 때도 고요히 곁에서 위로가 되었던 존재, 정서적 위안 자체였다. 음악을 함께 듣고, 눈으로 교감하는 존재가 여름이다. 남들이 들으면 무슨 이해하지 못할 말을 하느냐겠지만 삶은 때로 이해라는 낱말과 거리가 멀기도 하다. 인류인 내게 여름이는 미물, 징그럽고 혐오스러운 존재가 아니라 고귀한 생명, 36.5도의 체온을 지닌 반려이다. 그 생명이 내 집, 나의 방에 산다.

──── 사랑스럽고 소중한 여름이
──── 사소한 여름이가.

그림책 감성이
모녀를 키운다

여름이 오면 수박 수영장이 개장된다. 수영장이 열린다는 소식에 아이들이 삼삼오오 뛰어간다. 달콤하고 시원한 수박 물에서 첨벙첨벙 수영하며 시원한 여름을 보낸다. 안녕달 작가 그림책인 『수박수영장』 내용이다. 수박을 좋아하는 6살 딸아이는 이 책을 읽고 또 읽어달라 한다. 며칠을 봐도 지겹지 않은지 나중에는 영혼 없이 읽어 주어도 다음에 나올 장면을 예상하며 웃는다. 이렇게 푹 빠진 그림책들은 반복해서 읽으니 책 표지가 너덜너덜해진다.

아이가 여섯 살 되던 해부터 자기 전에 그림책을 한 권씩 읽어주었다. 그러면서 내가 그 세상 속으로 빠져들었다. 아늑한 그림들과 아기자기한 단어들는 헛헛한 주부 생활에 달콤한 오아시스였다. 그래서 자꾸 그림책을 구입하기 시작했다. 아이들을 위한 책도 있지만 어른들이 읽기에 서정적인 그림책도 많았다. 그림책만 자주 읽다 보니 많은 그림책 작가들을 알게 되었다. 이 작가들의 책이 모이니 우리 집 한 켠은 작은 그림책 방이 되었다. 지금도 매달 여러 권의 그림책을 사기에 꽂을 자리가 없어져 가지만 새로 나온 그림책들을 모르는 척 지나치지 못하겠다.

최숙희 작가의 『엄마가 화났다』라는 그림책이 있다. 엄마의 불호령에 아이가 슬퍼하는 마음에서 우리 딸은 동질감을 느꼈다. 딸은 굳이 말로 표현하지 않았지만, 그림책 속 아이의 마음을 이해한다는 얼굴이었다. 딸에게 화냈던 수많은 일들이 머릿속을 스치니 나는 책장을 빨리 덮고 싶었다. 최대한 화끈거리는 내 얼굴을 들키지 않으려고 애썼다. 계속 읽어달라고 하니 책을 안 보이는 곳으로 숨기고 싶은 마음도 들었다. 그러나 한동안 아이는 그 책만 찾는다. 감정에 치우쳐 아이에게 화내지 말아야겠다는 반성이 절로 된다. 서현 작가의 『눈물바다』 그림책에서는 아이가 슬프게 울고 난 후 마음이 시원해지는 감정 통로에 열광했다. 아마도 우리 아이가 잘 울기 때문에 더 공감되었을 것이다. 나도 울면서 마음의 찌꺼기를 털어내는 사람인지라 감정이입이 확 되었다.

아이에게 얼마 전까지도 거의 매일 그림책을 읽어 주었다. 혼자서는 읽지 않으려 하던 아이가 이젠 스스로 읽고 독서록도 제법 잘 쓴다. 『나 진짜 궁금해』라는 그림책을 읽고 쓴 아이의 독서록 마지막 문장은 '나도 궁금하다'였다. 아이가 쓴 문장을 보고 피식 웃었다. 궁금증을 유발하는 그림책을 보고 아이도 궁금해한다. 그 궁금함의 답이 정해진 건 없다. 그저 물음만 있을 뿐.

이번 연도 내가 봄에 읽었던 『민들레는 민들레』라는 그림책은 평소 별로 예뻐 보이지 않았던 민들레를 재발견하게 해 준 책이다. 길가에 돌을 뚫고 피는 민들레가 강인하면서도 예뻐 보였다. 남한산성에 가서 민들레 군락을 보았을 때, 그 황홀함에 입을 다물지 못하였다. 함께 그곳에 갔던 지인이 민들레 같은 인연처럼 느껴졌다. 민들레는 민들레일 뿐 별다른 미사여구가 필요치 않다. 짧은 문장에 강한 호소력이 있는 이런 그림책에 나는 매료된다.

　또한 백희나 작가의 '장수탕 선녀님', '알사탕', '이상한 엄마'를 각각 뮤지컬로 보았다. 이후 뮤지컬의 생생한 장면들이 겹치면서 그림책을 더 실감 나게 읽는다. 뮤지컬을 보고 온 몇 주간은 그 책들이 다시 소환되어 음을 실어 가며 반복하여 읽는다. 아이는 장수탕 선녀님과 놀고 싶다고, 목욕탕에 가서 냉탕에 들어가고 싶어 한다. 목욕 후에 '요구릉 요구릉'하며 소리도 내어본다. 알사탕을 입에 쏙 넣으면 어디서 소리가 들리는지도 귀 기울여 본다. 빼곡히 쓰인 아빠의 잔소리를 다 읽어보라고 시키는 아이다. 숨을 헐떡거리며 빠르게 읽으니, 아이의 웃음보가 터진다. 어디서 들려오는 할머니 목소리에도 자신의 외할머니를 생각하며 잔잔하게 빠져든다. 감기에 걸린 호호를 엄마 대신해서 돌봐주러 온 이상한 엄마, 이상하게 끓인 계란국을 한참 들여다보고, 엄마를 기다리다가 잠든 호호를 따라 해 보기도 한다. 이렇게 그림책을 여러 번 읽고 예술의 전당에서 하는 백희나 그림책 전에 다녀왔다.

그곳에서 아이들만 참가하여 전시회를 보고 이를 미술로 표현해 보는 생각하는 박물관 '키즈 아뜰리에'라는 수업을 받았다. 아이는 장수탕 선녀님에 나오는 인물을 실감 나게 만들어 나에게 자랑한다.

"엄마, 나 덕지 가면 만들었어."

"어머, 진짜 똑같이 잘 만들었네."

"덕지가 감기 걸려 코 흘리고 있어."

"하하하, 똑같다. 장수탕 선녀님 와서 이마 만져주어 감기 빨리 낫게 해야겠네."

아이와 교감하며 읽어 본 수많은 그림책으로 우리 모녀는 즐거운 소통을 나눈다. 서로 같은 곳을 바라보며 읽고 느낀 그림책들과 함께 성장한 우리다.

요즘은 더운 여름이기에 냠냠 빙수, 호랭면, 식혜, 여름상상, 여름, 수박 등 여름 이야기가 많이 소환된다. 다음에 우리 집에 들어올 그림책들을 온라인 서점 장바구니에 채워 넣는다. 아이와 내가 볼 새로운 그림책을 기다리며 여름날의 감성으로 더위를 식혀본다.

내 하늘 내 마당

고개를 들어보니 가을이다. 9월인 것을, 가을인 것을 모르지 않았음인데 굳이 의식해서 창밖을 내다보고서야 아 가을이었다 깨닫는다. 사실 이상할 것도 없다. 그저 때가 되면 창밖 나무에 잎이 무성해지고 때가 되면 바람이 불어 앙상해지고 또 때가 되면 흰 눈이 소복하게 쌓이는 것이 자연의 섭리이지 계절로, 날로, 달로, 나누는 것은 인간의 편리를 위한 명칭일 뿐이다. 그저 사람이 하루하루 늙어가듯 아이들이 날로달로 커가듯 자연도 그렇게 매일매일 변화한다. 애정을 갖고 바라보면 그걸로 족하다.

내 마당. 내 정원은 없지만 누구보다 큰 마당을 끼고 산다. 거실 창문 밖으로 푸른 잔디가 보이고, 이를 둘러싼 나무들이 시원스레 그늘을 드리운다. 타고난 게으름과 재주 없으므로 마당이 있는 집을 탐하지 않았다. 미국에 와서 첫 집을 사려 돌아다니던 3년 전, 너른 마당이 있는 싱글 하우스를 구경하고 다녔다. 땅이 흔한 나라다. 무려 1에이커에 육박하는 넓은 잔디마당을 지닌 집부터 작지만, 아기자기 꾸며놓고 하얀 펜스를 둘러놓은 집도 구경했다. 주인이 어떻게 관리했느냐에 따라 마당의 자태와 모습이 어찌나 다른지 몇 집 둘러보지 않아 나는 두손 두발을 들고 말았다. 나같이 부지런하지도 깨끗하지도 않은 사람이 살 집이 아니라는 결론이었다. 그렇게 과감하게 마당을 포기하고 나자 오히려 집 구하기는 수월해졌다. 그때 내게 나타난 집이 바로 지금 이 집. 타운하우스라 내 마당은 없지만 집 앞에 손바닥만 한 정원이 있고, 뒷마당은 골프장이라 온 동네 자연을 품고 있으니, 이보다 좋을 수가 없었다. 내가 안 가꾸어도 잔디를 깎고 다듬어 보기 좋게 관리해 줄 것이고, 감사하게도 손바닥만 한 앞마당은 옆집 할머니께서 정성을 들여 가꾸어 주고 계셨으니 두 번 생각할 것도 없었다. 내 마당이되 내 마당이 아니고, 내 마당이 아니되 내 마당인 환상의 조건이었다.

미국이란 나라에 처음 발을 디뎌본 건 스무 살 때였다. 공항에서 언니의 차를 타고 이동하면서 처음 본 미국 하늘에 연신 감탄을 했다.

"아, 하늘이 참 넓다."

똑같은 하늘인데 왜 이 나라의 하늘은 더 넓고 더 광활하고 왜 끝도 없을까.

어린 시절 나는 세상에 산이 없는 곳은 없다고 생각했다. 한국에서는 어딜 보아도 산이 있었다. 산과 하늘은 각각의 존재가 아니라 이어진 존재였다. 서울로 이사를 온 후에는 어딜 보아도 아파트가, 빌딩이 있었다. 하늘은 산에, 빌딩에, 아파트에 이어지고 가로막힌, '경계'를 지닌 존재였다. 그러나 미국의 하늘은 경계도 없었고 끝도 없었다. 조화를 이룰 산도 눈에 띄지 않았다. 오직 그 스스로 존재하는 존재. 낮에는 낮대로 밤에는 밤대로 과연 미국이란 나라의 스케일만큼 우주를 느낄 수 있는 광활함이었다.

이제는 그 스케일만큼 내 마음도 커지고 제법 호기도 생겼다. 하늘도 내 것, 웨스트버지니아 애팔래치아 사막도 내 것, 미국 동부 해안가를 따른 바다도 다 내 것 생각하면 아쉬울 게 없다. 내 나라 내 고향 자연이 그리운 것이 단 하나의 아쉬움일 뿐. 이 하늘, 이 산맥이 다 내 것인데 집 앞 골프장이야 말할 것도 없다. 이것도 저것도 다 내 것이다 생각하면 그날부터 계약서 따위 없어도 마음은 부자가 된다. 굳이 즐기려고 계절을 의식할 필요도, 날마다 달마다 변화를 굳이 느낄 필요도 없다. 그저 오늘이 지나면 내일이 오고 달이 차면 기울듯 그렇게 자연도 내 삶의 일부로 받아들이면 그뿐이다.

——— 창문 가득 계절이 있다.

——— 바람이 있고 반짝임이 있고 하늘이 있다.

——— 이 하늘 끝에 내 나라가 있고 내 가족이 있다.

——— 저 바다 끝에 내 고향 내 사람들이 있다.

——— 집문서 땅문서 이런 것 다 필요 없이 그저

——— 이 세상이 다 내 마당이고, 이 하늘 아래

——— 내 사랑하는 사람들이 있으니

——— 오늘 하루도 부족한 것이 없다.

에필로그

임수진

고요하고도 진실된 우리들의 글쓰기

역시 나는 빼도 박도 못하는 촌놈이고, 한국 사람이다.

- 임수진

모네가 정원을 가꾸면서 그림을 그리며 마지막을 보냈던

지베르니에 꼭 가고 싶었다. - 정혜원

조만간 따뜻한 엄마의 부엌을 찾아가 작은 식탁에 앉아

종알종알 이야기보따리를 늘어놓아야겠다. - 김보경

눈 내리는 날이면 동네 골목은 아침부터 분주했다. - 김은영

오늘은 비가 오니까 집에 가면 엄마가 있겠지? - 박옥심

떠난 이들이 채웠던 집의 온기, 뜨겁지도 차갑지도 않은

집의 온도를 뭉근히 데운다. - 류경희

열여섯 나의 꿈을 현재진행형으로 만들어 준 마흔두 살

지금의 나를 응원한다. - 한영옥

추억의 거리가 영화보다 좋았다. - 배정환

뜨끈한 떡만둣국 한술을 떠서 배고픔이 숨기지 못한

보고픔을 함께 삼킨다. - 이화정

첫 만남은 지난해 1월이었다. 에세이 강사와 수강생
이라는 다소 어색한 사이로 모니터 안에서 인사를 나누
었다. 게다가 강사인 내가 미국에 있기에 구정이 시작되
는 날인 줄도 모르고 날짜를 잡은 것이 아닌가. 덕분에 누
군가는 시댁 구석방에서, 누군가는 친정집 거실에서 시끌
벅적한 가운데 홀로 첫 수업의 긴장감을 온몸으로 느껴
야 하는 웃지 못할 상황이 연출되었다. 그럼에도 아무도
불평 한마디, 건의 한마디 없었으니 이 멤버들의 성격을
알 만도 하다. 다들 어찌나 조용조용하고 말투도 우아한
지, 수다스러운 나까지 말투가 바뀔 지경이었다. 불만이

라곤 없이 어떤 과제나 마감 날짜에도 가만히 고개를 끄덕이는 이들이었다. 비록 뒤에 가서 울지언정.

이들에게 딱 맞는 형용사는 '고요한'이었다. 고요함 뒤에 숨은 진실함을 깨닫는 데는 오랜 시간이 필요하지 않았다. 그렇게 만들어진 이름이 '고진나(고요하고 진실한 나의 글쓰기클럽)'였다. 여덟 명의 멤버와 강사인 나. 이젠 그냥 아홉 명의 글쓰기 멤버. 이렇게 완전체가 1년이 훌쩍 넘도록 글쓰기 클럽을 이어가고 있다.

더 좋은 글을 쓰고 싶다는 마음 하나로 만났을 뿐 개인 출간이나 공저 출간에 특별한 목적과 목표를 두지 않았다. 오히려 장기적인 목표로 글을 다듬어 나가자는데 더 뜻을 같이했다. 하지만 때가 되면 곡식이 무르익듯 글도 스스로 세상에 나오려 할 때가 있음을 느낀다. 지난봄, 고진나 멤버 중 셋(영옥, 혜원, 경희)이 '집 이야기 에세이 공모전'에서 입상을 했다. 그리고 나는 어린 시절 한옥집 이야기로 첫 책을 낸 작가이기도 했다. 우리는 모두 '집'이라는 한 지점에서 만나 마음을 공유했다. 그날 재미로 그려본

지도에서 멤버 아홉의 어린 시절 고향이 대한민국 골고루에 참 재밌게도 퍼져있음을 알았다. 충남 공주 수진이, 경북 문경 경희, 전남 청산도 섬 소녀 혜원이, 전북 부안 은영이, 경기도 수원 영옥이, 서울 고척동 정환이, 면목동 보경이, 보경이와 같은 동네 출신 면목동 화정이, 부산 동광동 옥심이… 어린 시절의 이름과 고향을 적어나가면서 왠지 코끝이 찡해왔다. 지금 사는 곳을 따지면 한술 더 뜬다. 미국에 사는 나까지 있으니 미국 촌놈까지 있는 셈이다.

그래, 우린 모두 촌놈이야!

그리고 우리는 우리들의 집 이야기를 모아 책으로 내자는데 의기투합했다.

고진나라는 이름처럼, 공저로 마음을 함께 한 순간부터 마지막 퇴고 작업을 하는 지금에 이르기까지 모든 것이 순리에 따라 부드럽게 흘러왔다. 함께 하는 동안 사랑하는 사람을 잃었던 이가 있었고, 아이의 수술로 몸과 마음이 지쳤던 이도 있었고, 글 속에서 나를 찾는 과정 자체가 힘들고 아픈 이들이 있었다. 특히 마지막 6주 동안에 일주일에 한 번씩 밤마다 만나 낭독회를 했는데 그 모든 과정의 정점을 찍은 감동적인 시간이었다. 그 시간을 통해 서로를 진심으로 이해하고 글 속에서 다시 만날 수 있었다. 공저 작업이란 힘들지만 뿌듯하고, 어렵지만 의미 있는 '찐 과정'이다. 각자 쓴 글을 대충 묶어 내는 공저가 아니라, 하나부터 열까지 함께 진행하며 진짜 공.저. 함께 하는 글을 찾아가는 공저. 고진나와 함께 한 이런 공저라면 '아 정말 해볼 만하다. 다른 이들에게도 추천할 만하다.' 순간순간 나는 생각했다.

집 이야기는 결국 지나온 나의 삶이며, 현재와 미래를 그리는 정체성이다. 그래서 우리는 내 지난 삶의 궤적을 따라갔다. 그 집들에는 우리의 여러 모습이 있었고 눈물과 회한이 있었다. 생각하면 아프기도 하고 눈물이 차오르기도 하지만, 기쁜 순간 행복한 순간들이 더 많았다. 그날이 있었기에 또한 오늘의 내가, 오늘의 우리들이 있는 것 아니겠는가.

어쩌자고 문득 /

마음이 사로잡혀 /

가끔씩 그대 마음 흔들릴 때는 /

바란 적 있었네 /

서러우면 서러운 대로 /

두려우면 두려운 대로 /

그리운 소식은 길이 멀어 /

벌쭉벌쭉 웃는다 /

그냥 거기 있었네

(촌놈 목차)

그렇게 우리는 그립고 서럽고 두렵고 아쉽고 흔들리고 아팠고 또 행복했다. 그렇게 그냥 거기 오래오래 머물러 지금까지 흘러왔다. 그 과정에서 자신을 찾아왔다.

집을 찾았으나 나를 찾았고

나를 찾았으나 글 벗들을 찾았고

벗들을 찾았으나 결국 나의 글을 찾아낸 시간.

우리들의 '촌놈'과 함께 한 시간이었다.

촌놈

2024년 6월 10일 초판 1쇄 발행

글 임수진, 정혜원, 김보경, 김은영, 박옥심, 류경희, 한영옥, 배정환, 이화정
일러스트 라킷키 (인스타그램 @la_kitki)
발행인 박윤희

기획 고진나   **편집** 임수진   **교정교열** 길무영
발행처 도서출판 이곳   **디자인** 디자인스튜디오 이곳
등록 2018. 10. 8 신고번호 제2018-000118호   **주소** 서울 송파구 송파대로44길 9(송파동)
이메일 booknddesign@daum.net   **홈페이지** https://bookndesign.com
팩스 0504.062.2548   **블로그** blog.naver.com/designit   **인스타그램** @book_n_design

저작권자 ⓒ 임수진, 정혜원, 김보경, 김은영, 박옥심, 류경희, 한영옥, 배정환, 이화정 2024
ISBN 979-11-93519-12-7 (03190)

도서출판 이곳
우리는 단순히 책을 만들지 않습니다.
작가와 책이 마주치는 이곳에서 끊임없이 나음을 너머 다름을 생각합니다.